μετωνυμίες

XIII

Zum Buch: Im 20. Jahrhundert bemüht sich die neopositivistische Wissenschaftstheorie darum, die Übereinstimmung von Sprache und Welt so zu begründen, dass eine vom Menschen unabhängige, aber adäquat erfassbare Welt vorliegt. Nach seinem Jugendwerk verabschiedet sich Wittgenstein von diesem Programm und entwickelt ein Sprachverständnis, das solche positivistischen Bemühungen absurd werden lässt. Der Erlanger logische Konstruktivismus versucht vor diesem Hintergrund eine Wissenschaftssprache zu entwickeln, die die Welt adäquat erfasst. Als man um 1980 das Scheitern dieses Projektes einsieht, erschüttert die postmoderne Philosophie jedes wissenschaftliche Wahrheitsstreben, die äußere Welt adäquat zu erfassen. Zuvor hatten dieses auch bereits der radikale Konstruktivismus primär aus diversen Einzelwissenschaften heraus und der Poststrukturalismus primär sprachphilosophisch untergraben. Trotzdem gibt es heute kaum mehr eine selbstkritische wissenschaftliche Reflexion. Vielmehr demonstriert man Selbstgewissheit, adäquate wissenschaftliche Wahrheiten zu liefern und beschuldigt die Postmoderne wie den radikalen Konstruktivismus, fake News den Weg geebnet zu haben.

Hans-Martin Schönherr-Mann ist Prof. für Politische Philosophie an der LMU München, Gastprof.: Uni Innsbruck, Eichstädt, Regensburg, Venezia, Torino, Passau. Bücher: *Max Weber – Denken in einer entzauberten Welt*, Römerweg 2024; *Staat u. Kriegsmaschine – Staatsverständnis von Deleuze/Guattari,* Nomos 2023; *Hannah Arendt – Vom gefährlichen Denken*, Römerweg 2023; *Gesicht und Gerechtigkeit –Lévinas' pol. Verantwortungsethik*, Innsbruck Uni Press 2021; *Dekonstruktion als Gerechtigkeit – Derridas Staatsverständnis*, Nomos 2019, *Foucault als pol. Philosoph*, IUP 2018; *Untergangsprophet und Lebenskünstlerin – die Ökologisierung der Welt*, M&S Berlin 2015; *Camus als politischer Philosoph*, IUP 2015; *Was ist politische Philosophie*, Campus 2012; *Die Macht der Verantwortung*, Alber 2010; *Der Übermensch als Lebenskünstlerin – Nietzsche, Foucault und die Ethik*, MSB 2009; *Miteinander leben lernen – Die Philosophie und der Kampf der Kulturen*, Piper 2008; *Simone de Beauvoir und das andere Geschlecht*, dtv 2007; *Hannah Arendt*, C.H. Beck 2006; *Sartre*, C.H. Beck 2005; *Leviathans Labyrinth – Pol. Philosophie der Technik* , Fink 1994; *Die Technik und die Schwäche*; Edition Passagen 1989; *Von der Schwierigkeit Natur zu verstehen – Entwurf einer negativen Ökologie*, S. Fischer 1989

Hans-Martin Schönherr-Mann

Konstruktion der Welten

Poststrukturalismus Radikaler Konstruktivismus Postmoderne

Wittgenstein von Glasersfeld, Maturana, Varela, Lyotard, Vattimo Foucault, Derrida und Paul Lorenzen

μετωνυμίες
XIII

Bibliografische Information der Deutschen Nationalbibliothek: Die Deutsche Nationalbibliothek verzeichnet diese Publikation in der Deutschen Nationalbibliografie; detaillierte bibliografische Daten sind im Internet über dnb.dnb.de abrufbar.

© 2025 Hans-Martin Schönherr-Mann
Verlag:
BoD · Books on Demand GmbH, In de Tarpen 42,
22848 Norderstedt, bod@bod.de
Druck:
Libri Plureos GmbH, Friedensallee 273, 22763 Hamburg

ISBN: 978-3-7693-5473-7

Für Theo Hug
Zum Geburtstag

INHALT

Vorwort   9

1. Kapitel

POSTMODERNE DEBATTE ALS WEGBEREITUNG VON FAKE-NEWS   13

2. Kapitel:

VON DER POSTMODERNE ZUM RADIKALEN KONSTRUKTIVISMUS   23

3. Kapitel:

DIE ÜBEREINSTIMMUNG VON AUSSAGE UND SACHVERHALT
IM NEOPOSITIVISMUS   29

4. Kapitel:

DAS SPRACHSPIEL ALS KRITIK AM *TRACTATUS*   35

5. Kapitel:

DIE KRITIK DES RADIKALEN KONSTRUKTIVISMUS AN DER
OBJEKTIVITÄT DER NATURWISSENSCHAFTEN   45

6. Kapitel:

DER LOGISCHE KONSTRUKTIVISMUS DER ERLANGER SCHULE   55

7. Kapitel:

DIE VOM BEOBACHTER ABHÄNGIGE BEOBACHTUNG   61

8. Kapitel:

LYOTARD: POSTMODERNE ALS *WIDERSTREIT* DER SPRACHSPIELE   67

9. Kapitel:

DIE ABHÄNGIGKEIT DER WAHRNEHMUNG VON KÖRPERLICHKEIT
UND VERNUNFT   79

10. Kapitel:

DIE HUMANWISSENSCHAFTEN BEI FOUCAULT   85

11. Kapitel:

STRUKTURDETERMINIERTE LEBEWESEN UND IHRE DISTANZ
GEGENÜBER DER UMWELT   95

12. Kapitel:

SPRACHE UND SCHRIFT BEI DERRIDA   101

13. Kapitel:

DIE SPRACHE IM RADIKALEN KONSTRUKTIVISMUS   113

14. Kapitel:

HERMENEUTIK ALS SCHWACHES DENKEN: VATTIMO   123

15. Kapitel:

DIE WELT KONSTRUKTIV UNTERGEHEN LASSEN: ENDLICH!   133

LITERATUR   141

PERSONENVERZEICHNIS   149

VORWORT

Der Weltuntergang droht, so die Prophezeiung vom UN-Generalsekretär bis zur Klimaradikalen, die sich auf die Startbahn klebt. Experten wie Politiker stimmen in den apokalyptischen Chor ein, dessen Weissagungen die Medien noch dramatisieren – zum allseitigen Vorteil: Bedrohliche Nachrichten haben einen hohen medialen Verkaufswert einerseits. Andererseits lassen sich erschreckte Bürger leichter lenken. Und die jungen Klimaradikalen sonnen sich in der öffentlichen Aufmerksamkeit. Die Welt retten zu wollen, erscheint ihnen allen als eine hoch moralische Angelegenheit.

Haben indes alle zusammen nicht bemerkt, dass die Welt längst untergegangen ist? Und das schon vor längerer Zeit, ist nämlich zwischen Descartes und Kant alle Erkenntnis subjektiv geworden? Just deshalb konnte es im *Konflikt der Interpretationen*, wie Paul Ricœur den Krieg der Ideologien nannte, keinen Sieger geben. Deswegen sind religiöse und ideologische Auseinandersetzungen nicht mit Argumenten zu befrieden.

Im säkularen Lager hoffte man seit dem 19. Jahrhundert darauf, dass die Wissenschaften die besseren Argumente haben, weil sie die Welt endlich erfassen, wie sie wirklich ist, wie sie an sich ist, wie sie unabhängig von Wahrnehmung und sprachlicher Erfassung vorliegt und doch als solche erkannt werden kann. Doch just das war seit Kant eigentlich eine absurde Hoffnung geworden.

Nichtsdestotrotz kämpften sich analytische Philosophie und neopositivistische Wissenschaftstheorie im 20. Jahrhundert daran ab, diese Wünsche zu erfüllen. Als sie sich wähnten, solcher Wunscherfüllung näher zu kommen, störten radikaler

Konstruktivismus und postmoderne Philosophie diese Bemühungen, die sich etwa zur ähnlichen Zeit auch als unerfüllbar erwiesen.

Freilich unterfütterten radikaler Konstruktivismus und postmoderne Philosophie, letztere im Anschluss an den Poststrukturalismus, die Einwände gegen eine adäquate Erkennbarkeit einer unabhängig vorliegenden, aber erfahrbaren Welt mit neuen Argumenten. Der radikale Konstruktivismus geht davon aus, dass Lebewesen ihre Umwelt nur gemäß ihrer eigenen Strukturen wahrnehmen können. Der Poststrukturalismus begreift die modernen Wissenschaften als abhängig von ihren Begrifflichkeiten. Die postmoderne Philosophie bemerkt, dass moderne Wissenschaften sich nur durch ihre Effizienz bewahrheiten, nicht durch adäquate Begründungen und sie sich daher auf eine Expertenmehrheit stützen müssen.

Jene, die mit missionarischem Ehrgeiz die Welt retten wollen, wie jene die ein religiös oder ideologisch gefestigtes Weltbild haben, ficht das natürlich nicht an, kennen sie nur die eine richtige Welt, ihre Welt.

Andere, die schon ahnen, dass sich keine vorliegende und von menschlicher Erkenntnis unabhängige Welt nachweisen lässt, die trotzdem adäquat erkannt werden kann, bescheiden sich mit einem Postulat, weil ohne eine ‚wahre Welt' den Zeitgenossinnen ein soziales Band abgeht und die Demokratie gefährdet wäre. 1999, auf dem Höhepunkt der Postmoderne Debatte und eines ein gutes Viertel Jahrhundert währenden radikal konstruktivistischen Diskurses, warnt Jürgen Habermas vor den sozialen Folgen solchen konstruktivistischen und postmodernen Denkens: „Die Unterstellung einer objektiven, von unseren Beschreibungen unabhängigen Welt erfüllt ein Funktionserfordernis unserer Kooperations- und Verständigungsprozesse. Ohne diese Unterstellung geriete eine Praxis aus den Fugen (...)."[1]

Für Habermas funktioniert die moderne Demokratie nicht, wenn nicht alle Bürgerinnen von einem allen gemeinsamen Verständnis der Welt ausgehen, das ihnen ermöglicht politische und soziale Probleme im Konsens zu lösen. Trotzdem ist die ‚wahre Welt' damit zu einem Postulat zusammengeschrumpft, ähnlich wie Kant erkennt, dass die Gottesbeweise des Thomas von Aquin gescheitert sind und nur noch bleibt, das Dasein Gottes wie der Unsterblichkeit der Seele zu postulieren. Damit ist die wahre Welt nicht mehr als eine Forderung. Doch nicht alle Wünsche werden erfüllt.

Die aufgeklärte Zeitgenossin wird sich gerne in vielen konstruierten Welten ohne ontologische Gewissheit einrichten. Jene, die an die wahre Welt glauben oder diese auch nur postulieren, werden sich schwerlich vom zwanglosen Zwang des schwächeren Arguments verführen lassen. Sie werden auch nicht aussterben – eine Hoffnung Paul Feyerabends. *Also sprach Zarathustra*: „der letzte Mensch lebt am längsten."

---

[1] Jürgen Habermas, Wahrheit und Rechtfertigung – Zu Richard Rortys pragmatischer Wende; in: ders., Wahrheit und Rechtfertigung – Philosophische Aufsätze, Frankfurt/M. 1999, 249

1. POSTMODERNE DEBATTE ALS WEGBEREITUNG VON FAKE-NEWS

Die poststrukturalistisch inspirierte Postmoderne-Debatte, die Jean-François Lyotard 1979 mit seinem Buch *Das postmoderne Wissen* eröffnet, löst in den achtziger Jahren heftige Reaktionen aus. Denn er bemerkt, dass die modernen Wissenschaften Wahrheit im Sinn von Begründung aufgegeben haben, so „dass die Bedingungen des Wahren, also die Spielregeln der Wissenschaft (. . .) nicht anders als im Rahmen einer selbst schon wissenschaftlichen Auseinandersetzung begründet werden können und es keinen anderen Beweis für die Güte der Regeln gibt als den Konsens der Experten"[1], auf den man sich in der Corona-Politik und in der Klima-Debatte prompt ständig beruft, womit man gegenintentional Lyotards Analysen bestätigt und die eigenen Thesen in Frage stellt: eine Mehrheit ist einfach kein Argument für eine Wahrheit.

Doch man unterstellt dabei, dass die Experten über einen Zugang zu einer von menschlichen Interpretationen unabhängigen Welt verfügen. Wenn sich indes Wahrheit nur noch am Erfolg und der Zustimmung von Experten misst, dann rekurriert sie letztlich gerade nicht mehr auf eine vorliegende Realität mit erfassbaren festen Strukturen, weil sich diese performativ nicht herzustellen vermag, sondern sich nur an der Effizienz misst, die ihrerseits erst produziert, was nach einem traditionellen Wissenschaftsverständnis vorausgehen sollte.

Womöglich fiel diese Ablehnung von Lyotards Analysen primär aus den Reihen der analytischen Philosophie und der

---

[1] Jean-François Lyotard, Das postmoderne Wissen (La condition postmoderne, 1979), 3. Aufl. Wien 1994, 92

Wissenschaftstheorie deshalb so heftig aus, weil um 1980 der letzte Großversuch scheiterte, der in deren Reihen unternommen wurde, Sprache und Welt, Wort und Gegenstand, Aussage und Sachverhalt in Übereinstimmung zu bringen, nämlich von der Erlanger Schule, die sich Konstruktivismus nannte, aber mit dem radikalen Konstruktivismus nur diesen Namen teilt, die ich daher logischen Konstruktivismus nennen möchte.

Wie es schon in der Grundlagenkrise der Mathematik in den dreißiger Jahren nicht gelang, die Widerspruchsfreiheit der Mathematik wiederherzustellen, trotzdem ging man zur Tagesordnung über, um so zu tun als wäre nichts geschehen. So hatte man wohl auch um 1980 gehofft, das ungelöste Problem von Wort und Objekt in Vergessenheit geraten zu lassen. Daher fühlte man sich von Lyotard nicht zuletzt auch dadurch massiv gestört, da er dem wissenschaftsskeptischen und immer populärer werdenden Poststrukturalismus von Foucault und Derrida nahestand. Plötzlich war in aller Munde, dass es keine Wahrheit gibt, weil keine wissenschaftlich adäquate Beschreibung der Welt möglich ist, so dass die Anstrengungen zu einem richtigen Weltbild zu gelangen vergeblich sein müssen.

Eine solche Bodenlosigkeit konnten in der linken Sozialphilosophie vor allem die Vertreter einer politischen Konsenstheorie Jürgen Habermas und Karl-Otto Apel gar nicht ertragen: wie kann man zu einem rationalen Konsens gelangen, wenn es kein gemeinsames Weltverständnis gibt? Gerade dieser Ambiente, die bis heute noch hofft wie die frühe Frankfurter Schule von Max Horkheimer und Theodor Adorno in den späten zwanziger Jahren, philosophisch und wissenschaftlich zu einer sozial humanisierenden politischen Praxis beizutragen, wurde vom Poststrukturalismus und dann von der postmodernen Philosophie um so pressewirksamer der Boden entzogen und das auch noch in einer Zeit, als die hoffnungsfrohen sechziger und siebziger Jahre vorüber waren.

Verwundern muss dabei, dass der etwa zeitgleich entstandene radikale Konstruktivismus, deren Hauptvertreter die Möglichkeit der adäquaten Erkenntnis einer von Menschen unabhängigen Umwelt ähnlich in Frage stellen wie Poststrukturalismus und Postmoderne, im Schatten dieser Debatten verblieb und weniger angegriffen wurde. Aber sie entstammen einerseits den Naturwissenschaften, die man vielleicht nicht auch noch antasten wollte oder an die man sich nicht herantraute. Andererseits traten ihre wichtigsten Protagonisten nicht in der Art und Weise in das Licht der Öffentlichkeit wie die vernunft-, gesellschafts- und politikskeptischen Franzosen und Italiener. Aber eigentlich gehören beide Strömungen zusammen; denn sie ergänzen und bestärken sich in ihrer Skepsis an einer adäquat erkennbaren, von menschlichen Interpretationen unabhängigen Umwelt gegenseitig. Beide stehen damit in ähnlichen Traditionslinien, vor allem aber im Anschluss an Nietzsches programmatischer Bemerkung, dass nämlich „die ‚wahre Welt' endlich zur Fabel wurde."[1]

Böse Bemerkungen von Seiten der Schulphilosophie oder der Journalisten über die radikalen Konstruktivisten sind mir nicht zu Ohren gekommen, besser sichtig geworden. Aber einer der ihren, nämlich Siegfried Schmidt schreibt in einem hochkarätig besetzten Einführungsbuch 1997, also während der Primetime der postmoderne Debatte, erregt: „Statt dessen breitet sich – speziell in der Literaturwissenschaft – seit Jahren ein massiver neuer Irrationalismus aus, der unter dem Namen Dekonstrutionismus ein Konglomerat von Nietzsche, Freud, Heidegger, Gadamer, Lacan und Derrida angemischt hat, das Literaturwissenschaft in Literatur überführen soll. Mit diesem neuen Irrationalismusschub findet sich der Dekonstruktionismus in bester Gesellschaft: ‚Postmoderne', ‚Posthistoire' und 'Transavantgarde' lauten seit Jahren die griffigen Formen für einen Zeitgeist, den F. Raddatz in der ‚Zeit' bissig als Rückweg vom homo sapiens zum homo pictor gekennzeichnet hat. My-

---

[1] Friedrich Nietzsche, Götzen-Dämmerung oder Wie man mit dem Hammer philosophiert (1888), Kritische Studienausgabe (KSA) Bd. 6, München, Berlin, New York 1999, 81

thos heißt der neue Wert; Bilder ersetzen Begriffe, der Rückzug aus Wirklichkeit und Geschichte hat begonnen; Wunschmaschinen und Masturbationsfiguren kennzeichnen den neuen Mainstream in Malerei und Literatur, Film und Theater, Musik und Architektur, dem sich die Szene ergriffen hingibt."[1]

Offensichtlich hat Schmidt Derrida nicht gelesen oder nicht verstanden. Oder dieser radikale Konstruktivist hält schlicht an einem naiven Glauben an die Vernunft fest und scheint offenbar der Auffassung zu sein, dass es eine richtige Wirklichkeit und gar eine einzige Geschichte gibt, erkennt nicht, dass die Geschichte nicht gemacht, sondern geschrieben wird und zwar primär von Historikern, die in ihrer Zunft allein schon eine Vielzahl von Blickwinkeln entwickeln. Der Beobachter von politischem Geschehen oder sozialen bzw. technischen Vorgängen entscheidet, was er für Ereignisse hält und was nicht. Wenn ein Politiker historische Augenblicke propagiert, die er womöglich selbst inszeniert hat, hat er Geschichte nicht verstanden.

Aus der Geschichte heraustreten, wie es Emmanuel Lévinas bereits 1961 für ethisch geboten erklärt, erscheint Schmidt offenbar als ungehörig. Lévinas schreibt jedenfalls: „Wenn der Mensch wahrhaft den anderen Menschen anspricht, so wird er aus der Geschichte herausgerissen."[2] Nicht nur dass man sich nicht als Teil einer von anderen erfundenen Geschichte verstehen muss – heißen diese Hegel, Marx oder Leopold von Ranke – das Judentum lebte lange Zeit ohne jegliche Selbsteinordnung in die offizielle Geschichte. Wenn man sich aber der Historie entzieht, dann gilt man jenen als Häretiker, die andere Menschen zwingen möchten, die Welt gemäß von deren Vorstellungen zu verstehen. Dann dürfte Lévinas für Schmidt ein

---

[1] Siegfried J. Schmidt, Vom Text zum Literatursystem – Skizze einer konstruktivistischen (empirischen) Literaturwissenschaft; in: Heinz Gumin, Heinrich Meier (Hrsg.), Einführung in den Konstruktivismus (1997), 10. Aufl. München 2010, 149

[2] Emmanuel Lévinas, Totalität und Unendlichkeit – Versuch über Exteriorität (1961), Freiburg, München 1987, 66

Häretiker sein. Rational ist die offizielle Geschichte und wer diese ablehnt, gilt ergo als Irrationalist. Derrida beruft sich explizit auf die Ethik von Lévinas, der diese in der konkreten zwischenmenschlichen Begegnung entspringen sieht. Für ihn erfinden weder Religionsstifter noch Philosophieprofessoren die Ethik, sowenig wie Staaten, die sich einer Ethik der Untertänigkeit bedienen, die eigentlich keine Ethik ist, mit der sie sich nur ihrer Gefolgschaft versichern wollen.

Auf solche postmodernen Verunsicherungen hat der wissenschaftliche und philosophische Mainstream von Anfang an mit scharfer Kritik geantwortet. Einer der ersten ist Gérard Raulet. Er schreibt: so „(. . .) opfert sich, wie es uns scheinen will, der so aufgefasste Postmodernismus dem Schicksal des Modernismus der Weimarer Republik: einer Ohnmacht angesichts des Totalitarismus, welche besiegelt wird von einem unaufhörlichen Brechen mit dem Vorhergehenden, das im Gestus sich verzehrt."[1] Die Weimarer Avantgarde-Kunst entwickelte zwar höchst innovative Ideen, aber dem Vormarsch der totalitären Rechten stand sie hilflos gegenüber. Aber hätte sie sich etwa einem sozialistischen Realismus anschließen sollen? Nein, natürlich einem demokratischen, christlichen, konservativen, nationalen! Aber wo waren die Republikaner – vor allem unter den Konservativen? Und nicht erst heute hält man der postmodernen Philosophie vor, dass sie mit ihrer Infragestellung einer gemeinsamen stabilen, von Menschen und Erkenntnissen unabhängigen Welt die mediale Informationskultur erschüttert hätte, was die heutigen Fake-News der Rechten erst möglich macht, als wenn letztere eine solche Hilfestellung nötig hätten.

Poststrukturalismus und postmoderne Philosophie schwächen nach Raulet jedenfalls die Demokratie und spielen deren Feinden in die Hände. Dass man die beiden für so mächtig hält, ehrt diese. Zumindest störten sie einige Jahrzehnte gewisse

---

[1] Gérard Raulet, Gehemmte Zukunft – Zur gegenwärtigen Krise der Emanzipation, Darmstadt, Neuwied 1986, 139

Philosophieprofessoren, die bei ihren Studenten dadurch nicht mehr uneingeschränktes Gehör fanden. Aber die Gefolgschaft blieb ihnen trotzdem treu, verteilen diese Professoren wohlvernetzt schließlich die karriereträchtigen Jobs.

Andererseits will man nicht einsehen, dass die Vorstellung adäquater Erkenntnis einer vom Menschen unabhängigen Welt eine Illusion ist, der offenbar und gerade auch Wissenschaftler nicht entgehen. Die *Zeit des Weltbildes* (Heidegger) ist offenbar nicht vorbei, so wenig wie der *Konflikt der Interpretationen* (Ricœur) bzw. der Krieg der Ideologien. Die Wissenschaften schaffen nicht endlich das einzige richtige Weltbild, die einzig richtige Weltinterpretation, die einzige richtige Ideologie, haben sie doch die adäquate Wahrheit, sind doch gerade keine Ideologie – wie man es in der Corona-Politik und in der Klima-Debatte ständig hören darf!

So sieht sich Lyotard damals mit Vorwürfen konfrontiert, „dass die Schriftsteller und Denker der Avantgarde der sechziger und siebziger Jahre durch ihre Art des Umgangs mit der Sprache Terror ausgeübt hätten und dass wieder Voraussetzungen für eine fruchtbare Debatte geschaffen werden müssen, indem den Intellektuellen eine gemeinsame Sprache zur Pflicht gemacht wird, nämlich die der Historiker. Ich las einen jungen Sprachphilosophen (. . .), der meint, es ginge nunmehr darum, die Sprache wieder fest im Referenten zu verankern"[1] Nur war das letzte derartige Großmanöver der Erlanger Schule des logischen Konstruktivismus gerade gescheitert.

Ja, die Vertreter der Sozial- und der analytischen Philosophie sahen sich speziell durch Lyotard erneut verunsichert – gar terrorisiert. Ergo müsste man eine bestimmte Sprache allen zur Pflicht machen – China, der Iran und Saudi-Arabien machen das. Und, wen wundert es noch, geht es um ein wissenschaftliches und historisches Verständnis, das nicht zuletzt durch Foucault aus den Angeln gehoben worden war.

---

[1] Jean-François Lyotard, Postmoderne für Kinder – Briefe aus den Jahren 1982-1985, Wien 1987, 11

Um so mehr muss es folglich darum gehen, eine einheitliche Sprache festzulegen – ein Unterfangen, das auf eine lange Geschichte zurückblicken kann, die mit Platons Dialog *Kratylos* beginnt. So schreibt Jürgen Trabant: „Wäre es nicht besser, lieber Kratylos, wenn wir die Sachen selbst, ohne die störenden Sprachen betrachteten? Der Kampf der Philosophie und der Wissenschaft gegen die Sprache beginnt hier nun wirklich massiv und ganz konkret. *Francis Bacon* entdeckt, dass an den Wörtern falsche Vorstellungen kleben, und er schlägt vor, diese falschen Vorstellungen auszumerzen und wissenschaftliche Bedeutungen festzulegen. Die Aufklärungsphilosophie insgesamt arbeitet an diesem Projekt, weil sie glaubt, dass die Relativität der einzelsprachlichen Seemantik die Universalität der Vernunft und der Wissenschaft gefährdet. Die aufgeklärte Philosophie entwirft neue Terminologien, das heißt Universalwörter und wissenschaftliche Universalgrammatiken. Die Französische Revolution gipfelt geradezu in einem gigantischen Sprachreinigungsprozess. Sie reinigt Frankreich von den verschiedenen Sprachen und das Französische, in dem sich ja auch noch ‚Vorurteile' (. . .) eingenistet haben, von dieser schmutzigen Semantik. Den Kampf gegen die Sprache setzt die analytische Philosophie seit Frege fort. Das Ende der Sprache wird im Dienste der Wissenschaft nicht nur herbeigesehnt, sondern ernsthaft betrieben: Sprachreformen und künstliche Sprachen lassen die historischen Sprachen hinter sich."[1]

Eben diese Intention wurde von Poststrukturalismus und Postmoderne massiv gestört. Lyotard stellt die Begründung von Wahrheit in Frage und Foucault verbindet Wissen mit Macht. Das ist für den Sozialphilosophen Habermas doch schwer erträglich, der wissenschaftliches Wissen mit einer humanisierenden Praxis verbinden möchte. Das ist sinnlos, wenn Foucault recht hat. Daher fragt Habermas: „Welche Gründe sind es denn aber, die Foucault bestimmen, diesen spezifischen Willen zum Wissen und zur Wahrheit, der für die moderne

---

[1] Jürgen Trabant, Sprachdämmerung – Eine Verteidigung, München 2020, 210

Wissensform im allgemeinen und für die Humanwissenschaften im besonderen konstitutiv ist, diesen Willen zum Wissen und zur Selbstbemächtigung *generalisierend* in einen Machtwillen per se umzudeuten und zu postulieren, dass *allen* Diskursen, keineswegs nur den modernen, ein verhohlener Machtcharakter und die Herkunft aus Praktiken der Macht nachzuweisen ist?"[1] Wenn man der Vernunft einen strukturellen Willen zur Macht unterstellt, dann ist keine kommunikative Praxis mehr möglich, würde sie nur andere Formen von Herrschaft legitimieren.

Aber just das zeigt sich längst nicht nur speziell im Diskurs um das Gesundheitswesen, das sich von Machtinteressen schwerlich lösen lässt, wie es Foucault in vielen seiner Texte aufzeigt, sondern in allen wissenschaftlichen Diskursen. Wer finanziert die Universitäten? Die Staaten und die Wirtschaft! Aber sind diese nicht demokratisch? Ändert die repräsentative Demokratie wirklich etwas an den Machtstrukturen? Das zu glauben erscheint doch fast als naiv. Die repräsentative Demokratie ist bis heute eher eine andere Form der Legitimation von politischer Macht und beruht nicht primär auf der Partizipation der Bürgerinnen.

Aber just solche Einwände ärgern die Sozialphilosophen oder die linken Mediziner, die mit dem Gesundheitswesen die Welt genesen lassen wollten. So postuliert der ehemalige Ärzte-Vertreter Ellis Huber: „Ein erneuertes Gesundheitswesen wird zum Hoffnungsträger für die Gesellschaft zwischen globalen Kapitalmärkten und individualisierter Auslieferung an Not und Krankheit; zum Motor also für eine neue Solidarität und neue Gemeinschaftlichkeit."[2] Letztere legitimieren dann jegliche Eingriffe in das Leben der Menschen, realisieren mit

---

[1] Jürgen Habermas, Der philosophische Diskurs der Moderne – Zwölf Vorlesungen, Frankfurt/M. 1985, 312

[2] Ellis Huber, Heilkunst in der postindustriellen Gesellschaft; in: Peter-Alexander Möller (Hrsg.), Verantwortung und Ökonomie in der Heilkunde, Frankfurt/M. 2000, 286

Solidarität getarnte Machtansprüche, gewisser Vorstellungen von Menschlichkeit, die nicht ohne Machtentfaltung durchgesetzt werden können. Ähnliches gilt für die Ökologie, die sich für Ökologen von selbst versteht, der Klima-Diskurs aber ein apokalyptisch aufgerüstetes Konstrukt ist. Weltuntergänge sind nun mal christliche Vorstellungen, von denen man aus pädagogischen Gründen offenbar nicht lassen will.

Just mit dem Christentum versucht sich Habermas denn auch später zu verbinden, wenn er erklärt, dass die Demokratie auf christlichen Vorstellungen beruht, die sie selbst nicht zu begründen vermag – eigentlich eine Verneigung vor der postmodernen Philosophie. Aber das darf Habermas natürlich nicht zugeben. Denn für ihn „kehrt freilich Derrida an jenen historischen Ort zurück, wo einst Mystik in Aufklärung umgeschlagen ist."[1] Wer die Vernunft als Willen zur Macht kritisiert oder gar als Gewalt, der mystifiziert sie. Dass die Vernunft ein Konstrukt ist, das sich nun mal der Macht bedienen muss um sich umzusetzen, eine solche Kritik verkennt die kommunikative Struktur der Vernunft, die in der Sprache siedelt. Doch die Sprache ist für die postmoderne Philosophie nicht unschuldig, wird sie vielmehr von Machtstrukturen geprägt.

Natürlich wäre dann vor allem kein ethischer Universalismus mehr möglich, den viele Vertreter der analytischen Philosophie propagieren. Doch es bleibt ihnen nichts anderes, als den sich daraus ergebenden Relativismus brüsk zurückzuweisen. So schreibt Ernst Tugendhat: „Dieser in der zeitgenössischen französischen Philosophie so populäre und in der heutigen jungen Generation so beliebte totale Relativismus ist natürlich Unsinn."[2] Dabei muss er zugeben, dass sich die universellen Werte nicht begründen lassen. Denn er schreibt: „Die Moral der universellen und gleichen Achtung, die Moral des

---

[1] Jürgen Habermas, Der philosophische Diskurs der Moderne, 218
[2] Ernst Tugendhat, Der Golfkrieg, Deutschland und Israel (1991); in: ders., Ethik und Politik – Vorträge und Stellungnahmen aus den Jahren 1978-1991, Frankfurt/M. 1992, 111

Nichtinstrumentalisierens hängt in gewisser Weise in der Tat in der Luft: es lässt sich nicht mehr zeigen, dass sie das plausible (bestbegründete) inhaltliche Konzept des Guten ist, (. . .)."[1] Postmoderne oder auch konstruktivistische Konsequenzen darf er daraus natürlich nicht ableiten, fällt er mit dieser These seinen philosophischen Freunden sowieso schon in den Rücken.

---

[1] Ernst Tugendhat, Vorlesungen über Ethik, Frankfurt/M. 1993, 29

2. VON DER POSTMODERNE ZUM RADIKALEN KONSTRUKTIVISMUS

Die Fragen, die sich daraus ergeben, lauten: Warum ist die postmoderne Debatte heute zu Ende, wenn sie die epistemologische Lage der Dinge doch offenbar angemessener zum Ausdruck bringt als der Neorationalismus der Theorie kommunikativer Vernunft oder das objektivistische Sprachverständnis der analytischen Philosophie? Und warum steht der radikale Konstruktivismus eher im Schatten dieser Debatte? Hat er Nietzsches These von der fabelhaften wahren Welt doch nicht so ernst genommen wie Lyotard und Derrida?

Jedenfalls schreibt Lyotard in seinem programmatischen Text, der die wissenschaftliche Szene in Aufruhr versetzt: „Das postmoderne Wissen ist nicht allein das Instrument der Mächte. Es verfeinert unsere Sensibilität für die Unterschiede und verstärkt unsere Fähigkeit, das Inkommensurable zu ertragen"[1] Also ist das wissenschaftliche Wissen für die Einzelne durchaus nützlich, freilich nur wenn sie es als postmodern versteht, so dass sie es nach eigenem Ermessen benutzen kann, es aber nicht unbedingt glauben muss, schon gar nicht für wahr halten.

Mit ‚postmodernem Wissen' erfasst Lyotard die Gesamtheit wissenschaftlichen Wissens der Zeit und deklariert es als abhängig von den politisch sozialen Mächten, die es in ihren Dienst genommen haben. Das ärgert Wissenschaftler, die sich nicht als Diener der Macht verstehen wollen und alle politischen und ökonomischen Mächte, die sich bis heute durch die Wissenschaften legitimieren wollen, was natürlich nur funktio-

---

[1] Jean-François Lyotard, Das postmoderne Wissen (1979), 16

niert, wenn die Wissenschaften von der Politik unabhängig erscheinen, was in einem umfänglichen Maße jedoch nicht der Fall ist, so dass sich Wissenschaft und Politik miteinander in einem *Circulus vitiosus* befinden. Daher kann Lyotard berechtigt konstatieren: „Die Frage des Wissens ist im Zeitalter der Informatik mehr denn je die Frage der Regierung."[1]

Da es sich trotz aller Dementis fast von selbst versteht, dass Wissenschaft und Macht zusammengehören, weil Staat und Wirtschaft die Wissenschaften finanzieren, die Autonomie von Universitäten immer schon eine Farce ist – allein wenn der Wissenschaftsminister die Professoren beruft, in Bayern ein Zusammenspiel par excellence der Netzwerke von katholischer Kirche, *Opus Dei* und der Staatspartei, aber sicher genauso, nur gelegentlich verdeckter *all over the world* – verwundert es höchstens, dass Lyotard dem postmodernen Wissen eine positive Seite abzuringen vermag. Es soll die Leute sensibilisieren, die unüberbrückbaren Gegensätze zwischen den diversen Diskursen – ökonomischen, technologischen, kulturellen oder politischen – nicht als Bedrängung zu erleben, sondern darin Vorteile für das eigene Leben zu entdecken. Denn wenn die Wissenschaften und Technologien keine Diskurse zu entfalten vermögen, die Natur und Gesellschaft adäquat widerspiegeln, dann müssen die Leute diesen nicht gehorchen, können sie sich vielmehr Löcher in und zwischen den Netzen suchen, in denen sie ihre eigenen Vorstellungen entfalten: ja, ja, Fake-News!

Solchen Individualismus hält schon Alexis de Tocqueville politisch für gefährlich. Vor solchen Auffassungen, dass Welt und Wirklichkeit erst Produkte der Sprache, des Denkens und vor allem der Wissenschaften sind und somit höchstens relative Erkenntnisse produzieren, die auch schnell wieder verblassen – man denke nur an die Medizin und die Corona-Politik – davor warnt auch Jürgen Habermas Ende der neunziger Jahre, als die Postmoderne-Debatte langsam verebbte, wenn er so programmatisch wie dramatisierend schreibt: „Es geht nicht um Sein

---

[1] Jean-François Lyotard, Das postmoderne Wissen (1979), 35

oder Schein. Auf dem Spiel steht nicht die richtige Repräsentation der Wirklichkeit, sondern eine Praxis, die nicht zusammenbrechen darf. (. . .) Verständigung kann nicht funktionieren, ohne dass sich die Beteiligten auf eine einzige objektive Welt beziehen und damit den intersubjektiv geteilten öffentlichen Raum stabilisieren, von dem sich alles bloß Subjektive abheben kann. Die Unterstellung einer objektiven, von unseren Beschreibungen unabhängigen Welt erfüllt ein Funktionserfordernis unserer Kooperations- und Verständigungsprozesse. Ohne diese Unterstellung geriete eine Praxis aus den Fugen, die auf der (in gewisser Weise) platonischen Unterscheidung von Meinen und vorbehaltlosem Wissen beruht."[1]

Die Demokratie und damit die Menschenrechte, letztlich die Menschlichkeit überhaupt sind für Habermas gefährdet, wenn man die Realität für ein Konstrukt hält, weil es dann keine gemeinsame Grundlage der Kommunikation gibt. Er kritisiert damit Richard Rortys Ablehnung eines grundlegenden gemeinsamen Vokabulars, das die Demokratie für Habermas aber braucht. Denn Rortys sogenannte „'Ironikerin' (. . .) hegt radikale und unaufhörliche Zweifel an dem abschließenden Vokabular, das sie gerade benutzt, weil sie schon durch andere Vokabulare beeindruckt war, Vokabulare, die Menschen oder Bücher, denen sie begegnet ist, für endgültig nehmen."[2]

Gerade links orientierte Wissenschaftler sehen ihre Gesellschaftsvorstellungen und damit politische Perspektiven in Frage gestellt, wenn die Leute die Realitätsinterpretationen der Wissenschaften nicht als der Realität adäquat anerkennen. Die linke Sozialphilosophie entsteht aus der Marxschen Hoffnung auf den Fortschritt der Produktivkräfte heraus und davon hallt sogar in Adornos *Ästhetischer Theorie* etwas nach, obgleich

---

[1] Jürgen Habermas, Wahrheit und Rechtfertigung – Zu Richard Rortys pragmatischer Wende; in: ders., Wahrheit und Rechtfertigung – Philosophische Aufsätze, Frankfurt/M. 1999, 249
[2] Richard Rorty, Kontingenz, Ironie und Solidarität (1989), Frankfurt/M. 1992, 127

sich der folgende Satz auf die Kunst beschränkt: „Kriterium fortgeschrittensten Bewusstseins ist der Stand der Produktivkräfte im Werk, zu dem auch, im Zeitalter seiner konstitutiven Reflektiertheit, die Position gehört, die es gesellschaftlich bezieht."[1] Dabei ist für Adorno der technische Fortschritt ein sozialer Rückschritt. Trotzdem muss sich die Kunst auf die Technologie beziehen, wenn sie nicht der kapitalistischen Ideologie aufsitzen will.

Für die linke Sozialphilosophie lässt sich die Wirklichkeit wissenschaftlich erkennen, was als eine Art Restmaterialismus ebenfalls Marxscher Provenienz erscheint. Obwohl sich die empirisch positivistische Soziologie von linken Hoffnungen lange verabschiedet hat, so glaubt sie mit ihren Methoden trotzdem, die soziale Wirklichkeit richtig zu erfassen. Politik und Gesellschaft nehmen ihr das auch ab und beide verstehen sich selbst so, wie es ihnen Soziologen und Politologen erzählen – was die Medien auch fleißig kolportieren.

Lyotard folgt dagegen Wittgensteins Analyse, dass Sprache Sachverhalte nicht abzubilden vermag, weil Worte keine festen Bedeutungen haben, die sich vielmehr erst im Gebrauch realisieren und sich daher in stetem Wandel befinden. So schreibt Wittgenstein in seinem unvollendeten Hauptwerk *Philosophische Untersuchungen*: „Es gibt *unzählige* (. . .) verschiedene Arten der Verwendung alles dessen, was wir ‚Zeichen', ‚Worte', ‚Sätze' nennen. Und diese Mannigfaltigkeit ist nichts Festes, ein für allemal gegebenes; (. . .)."[2] Bereits seit Ende der zwanziger Jahre verabschiedet Wittgenstein sein Modell der Spiegelung der Realität in der Sprache, die er 1921 in seinem Jugendwerk *Tractatus logico-philosophicus* vertritt.

Ernst von Glasersfeld sieht das ähnlich, wenn er 1992 schreibt: „Da Wissen für den Konstruktivisten nie Bild oder Widerspiegelung der ontischen Wirklichkeit darstellt, sondern

---

[1] Theodor W. Adorno, Ästhetische Theorie (1970), Frankfurt/M. 1973, 285
[2] Ludwig Wittgenstein, Philosophische Untersuchungen (1953), Werkausgabe Bd. 1, Frankfurt/M. 1984, Nr. 23, 250

stets nur einen möglichen Weg, um zwischen den ‚Gegenständen' durchzukommen, schließt das Finden eines befriedigenden Wegs nie aus, dass da andere befriedigende Wege gefunden werden können."[1] Für von Glasersfeld spiegelt die Sprache keine sprachunabhängige Realität, die für alle Menschen dieselbe wäre. Also kann man sich nicht auf ein gemeinsames Verständnis einer vorliegenden Wirklichkeit berufen. Vor allem aber eröffnet diese Perspektive verschiedene Interpretationsmöglichkeiten der Wirklichkeit, was weder die analytische Philosophie noch die politische Öffentlichkeit einsehen wollen.

Auch Heinz von Foerster geht davon aus, dass man keine unabhängige Realität erfassen kann, ohne dass man bei solchen Beschreibungen die Welt, die vorzuliegen scheint, überhaupt erst als eine solche bestimmt. Er schreibt ebenfalls 1992: „Erst vor ungefähr 20 Jahren fiel einigen Forschern die Ungeheuerlichkeit dieses Prinzips auf, nämlich, dass an der Pforte der Erkenntnis die vermeintlichen Boten der Welt aller jener Eigenschaften entblößt werden, die zu dem farbigen und tönenden Bild dieser Welt führen sollten."[2] Was man wahrnimmt, hängt von den Fähigkeiten der eigenen Wahrnehmung ab.

Ähnlich schreibt Humberto Maturana gleichfalls 1992: „man erkennt, dass sich Aussagen nicht mit ‚dem Realen' begründen lassen, dass die Idee der objektiven Realität in erster Linie als ein strategisches Argument für die Gültigkeit von Erklärungen bürgen sollte und dass man faktisch viele operational kohärente Bereiche abgrenzen kann, die *genauso gut lebbar und tragfähig sind* wie ehemals ‚der einzig reale'."[3] Zahlreiche Begründungen dazu hatte Maturana seit den siebziger Jahren geliefert. Vergleichbare Auffassungen vertritt unter weiteren auch Francisco Varela.

---

[1] Ernst von Glasersfeld, Konstruktion der Wirklichkeit des Begriffs der Objektivität (1992); in: Heinz Gumin, Heinrich Meier (Hrsg.), Einführung in den Konstruktivismus, 10. Aufl. München 2010, 32
[2] Heinz von Foerster, Entdecken oder Erfinden – Wie lässt sich Verstehen verstehen? (1992); in: ebd., 58
[3] Humberto Maturana, Was ist Erkennen? (1992), München, Zürich 1994, 47

Wohin das herrschende Weltverständnis sozial und politisch führt, nämlich in eine Bevormundung der mündigen Bürgerin durch die Macht der Experten, das beschreibt Maturana: „Was bedeutet es dann, wenn jemand behauptet, objektiv, realistisch oder rational zu sein? In erster Linie dieses: ‚Sei vernünftig und befolge meine Anweisungen. Was ich dir sage, stimmt nämlich – nicht nur, weil ich es sage, sondern weil es sich nun einmal so verhält. Da ich die Welt kenne, weiß ich genau, was Sache ist.'"[1] Die Experten, nicht nur die wissenschaftlichen, kennen die Realität. Ihr Konsens spiegelt diese, so dass man vernünftigerweise ihre Ratschläge versteht und befolgt, als handele es sich um Kommandos: der Maskenzwang.

Doch die Experten können sich weder nach Lyotard noch im Sinn des Konstruktivismus auf eine Realität berufen, die von ihren Theorien und Erfahrungen unabhängig wäre, die nicht von diesen erst erzeugt würde. Wohin führt das? Thomas Schäfer kritisiert Rorty: „Wenn er nämlich von der *philosophischen* These ausgeht, dass sich Individuen oder Gruppen mit ihren unterschiedlichen und jeweils für legitim gehaltenen Vokabularen nicht auf gemeinsame Wirklichkeitsdarstellungen oder normative Orientierungen verständigen können, dann *folgt* daraus wohl in der Tat die Forderung nach einer entsprechenden liberalen politischen Kultur".[2] Liberal sein ist in fast allen politischen Lagern nicht beliebt, heute noch weniger.

Warum aber lassen sich weder die Postmodernen noch die radikalen Konstruktivistinnen vom ‚zwanglosen Zwang des besseren Arguments' überzeugen? Und warum werden erstere viel schärfer als letztere von Vertretern der Konsenstheorie wie der Analytischen Philosophie angegriffen? Haben radikale Konstruktivisten etwa die schwächeren Argumente? Oder gar die stärkeren, die zu starken, die Angst verbreiten?

---

[1] Humberto Maturana, Was ist Erkennen? (1992), 49
[2] Thomas Schäfer, Politisches Engagement ohne philosophische Begründung?; in: ders., Udo Tietz, Rüdiger Zill, Hinter den Spiegeln – Beiträge zur Philosophie Richard Rortys, Frankfurt/M. 2001, 174

3. DIE ÜBEREINSTIMMUNG VON AUSSAGE UND SACHVERHALT IM NEOPOSITIVISMUS

Im 19. Jahrhundert gibt es einerseits gewaltige technische und wissenschaftliche Entwicklungen. Andererseits tritt der vierte Stand auf die weltpolitische Bühne. Liberalismus und Sozialismus stützen sich auf diese Entwicklungen, von denen sie gewaltige Fortschritte erwarten. Parallel dazu und intensiviert durch die Französische Revolution entsteht ein antimodernes, religiös inspiriertes, monarchistisch autoritäres, konservatives Denken, das freilich bis zur Epoche des Faschismus eher eine hintergründige Rolle spielt. Vornehmlich Bürgertum und Proletariat bekämpfen sich ideologisch als Idealismus und Materialismus. Ob eher links oder liberal gegen Ende des Jahrhunderts bemühen sich diverse Strömungen wie der Pragmatismus und der Neopositivismus diesem Konflikt der Ideologien auszuweichen. Letzterer versucht das primär im Rückgriff auf die Wissenschaften, die für ideologisch neutral gehalten werden.

Der Pragmatismus kann dabei fast schon als Wegbereitung von Poststrukturalismus und radikalem Konstruktivismus betrachtet werden, wenn sein Begründer William James 1907 schreibt: „'Das Wahre' ist, (. . .) nichts anderes als das, was uns auf dem Wege des Denkens vorwärts bringt, so wie ‚das Richtige' das ist, was uns in unserem Benehmen vorwärts bringt."[1] Eine Übereinstimmung von Erkenntnissen mit einer vermeintlich unabhängig vom Menschen vorliegenden und adäquat spiegelbaren Welt lässt sich nicht absichern, führt nur in sinn-

---

[1] William James, Der Pragmatismus – Ein neuer Name für alte Denkmethoden (1907), 2. Aufl. Hamburg 1994, 140

lose ideologische Streitigkeiten und sollte für James daher aufgelassen werden.

Ähnlich wird noch der Neopragmatist Richard Rorty argumentieren, dem sogar eine gewisse Nähe zur postmodernen Philosophie nachgesagt wird, wenn er konstatiert: „Für Heidegger, Sartre und Gadamer ist objektive Wissenschaft sehr wohl möglich und häufig verwirklicht – es gilt nur, gegen sie geltend zu machen, dass sie uns nicht mehr gibt als einige unter vielen Beschreibungsmöglichkeiten unserer selbst, und dass einige davon den Bildungsprozess behindern können."[1] Wenn man die Macht den Experten überlässt, dann lenken sie die Bürgerinnen und entmündigen sie dadurch. Vielleicht retten letztere dadurch ihr Leben, aber es ist ein betreutes, unselbständiges Leben, das freilich viele wollen, die derart zum Nährboden vornehmlich nationalistischer Diktaturen werden. Dann ist die Forderung nach einer gemeinsamen Ontologie, wie sie Habermas erhebt, sogar gefährlich, schließlich lassen sich Betreute durchaus opfern, so dass man mit ihnen Kriege führen kann, was wiederum zu Kriegen verleitet und worauf heute sogar ehemals pazifistische Grüne aus sind.

Dagegen bemüht sich der Neopositivismus gerade um eine Rückversicherung der Wissenschaften durch eine adäquat erfassbare Außenwelt und eine Sprache, die dieser Außenwelt denn auch entsprechen soll, so dass die Wissenschaften in der Tat die Wahrheit über Natur und Kultur an den Tag bringen, was die Individuen zu akzeptieren haben.

Mit einer solchen Intention begründet Bertrand Russell zusammen mit George Edward Moore die analytische Philosophie. Elementar beschreibende Basissätze können Sachverhalte adäquat erfassen – und damit im weiteren die Natur. Russell kritisiert dabei die sogenannte ‚Kohärenztheorie der Wahrheit' als ungenügend: „Sie bezeichnet es als Merkmal der Falschheit eines Gedankens, wenn er sich nicht widerspruchslos in die

---

[1] Richard Rorty, Der Spiegel der Natur – Eine Kritik der Philosophie (1979), Frankfurt/M. 1987, 391

Gesamtheit unserer Meinungen einordnet, und das Wesen jeder Wahrheit besteht nach ihr darin, Teil eines vollkommen abgeschlossenen Systems zu sein, das ‚Die Wahrheit' ist."[1] Damit gibt sich Russell indes nicht zufrieden. Denn dafür könnte man sich verschiedene Modelle ausdenken, die in sich konsequent und vollständig sind. Damit gelangt man noch nicht zu einer von menschlicher Auffassung unabhängigen Ontologie, also zu einem bestimmten Sein alles Seienden, mit dem die Wahrheit oder Falschheit einer Auffassung überprüft werden kann. Russell konstatiert dagegen: „Und so kommen wir wieder zu der Ansicht zurück, dass die *Übereinstimmung mit Tatsachen*, die Korrespondenz zwischen Meinung und Tatsache, das Wesen der Wahrheit ausmacht."[2] Es geht also um die Korrespondenztheorie der Wahrheit. Wie ist diese Korrespondenz zwischen Wort und Gegenstand denkbar?

Der junge Ludwig Wittgenstein wird in seinem Frühwerk *Tractatus logico-philosophicus* einen ähnlichen Ansatz verfolgen. Die Sprache der Naturwissenschaften stimmt für ihn mit ihren jeweiligen Sachverhalten überein, die von ihr selbst unabhängig vorliegen. Um die Übereinstimmung von Aussage und Sachverhalt zu erläutern vergleicht Wittgenstein den Satz mit einem Bild, das ja einen Sachverhalt als Bildobjekt eines entsprechenden Bildreferenten sehen lässt. So schreibt Wittgenstein: „Der Satz ist ein Bild der Wirklichkeit: Denn ich kenne die von ihm dargestellte Sachlage, wenn ich den Satz verstehe. Und den Satz verstehe ich, ohne dass mir sein Sinn erklärt wurde."[3] Wie man auf einem Bild einen Sachverhalt sehen kann und niemand erst erklären muss, was man sieht – man sieht es einfach, man kann den Sachverhalt damit jemandem zeigen, ohne den referentiellen Sachverhalt zu kennen –

---

[1] Bertrand Russell, Probleme der Philosophie (1912), Frankfurt/M. 1967, 108
[2] Ebd., 109
[3] Ludwig Wittgenstein, Tractatus logico-philosophicus (1921), Werke Bd. 1, Frankfurt/M. 1984, Nr. 4.021, 28

genauso versteht man den Satz unmittelbar und damit den Sachverhalt, den der Satz darstellt.

Dass der Satz den Sachverhalt adäquat darstellt, beruht auf zwei Aspekten. Worte repräsentieren ihren Umweltreferenten, das Wort ‚Tisch' den Gegenstand ‚Tisch'. Dieses Repräsentationsverhältnis gilt nämlich auch für das Bild: „Das Bild ist ein Modell der Wirklichkeit. Den Gegenständen entsprechen im Bilde die Elemente des Bildes. Die Elemente des Bildes vertreten im Bild die Gegenstände."[1] Mit einem Bild vom Eiffelturm kann man diesen jemandem zeigen. Genauso vertreten Worte die Gegenstände, auf die sie sich beziehen. So verbindet das Bild die Sprache mit der Welt. Dieses bildliche Zwischenglied stabilisiert das Verhältnis von Sprache und Welt. Durch das Bild wird das Repräsentationsverhältnis von Wort und Gegenstand untermauert, nein, eigentlich nur bebildert. So einfach gilt das auch nicht für jedes Bild, sondern primär für die zentralperspektivisch aufgenommene Fotographie. So schreibt Lambert Wiesing: „Die besondere Tätigkeit, für die nur das zentralperspektivische Bildobjekt als Substitut funktioniert, ist das Sehen-Lassen von einigen der sichtbaren Eigenschaften, die an einer anderen Sache von einem Ort aus zu einem Zeitpunkt ebenfalls hätten gesehen werden können."[2] Wiesing ergänzt damit 2013 die final gescheiterte Bemühung um die Übereinstimmung von Sprache und Welt, nachdem die Postmoderne-Debatte zum Erliegen kam.

An solche Feinheiten konnte der junge Wittgenstein, der seinen *Tractatus* im Schützengraben des Ersten Weltkriegs schrieb, noch nicht denken. Doch es gibt noch einen zweiten Aspekt, der Sprache und Welt miteinander verbindet. Die Sprache besteht ja nicht nur aus Worten, denen man Umweltreferenten zuordnen kann, sondern auch aus Worten und Wortpartikeln, durch die die Beziehungen angegeben werden, die die Worte wie ihre Umweltreferenten zueinander einnehmen.

---

[1] Wittgenstein, Tractatus logico-philosophicus (1921), Nr. 2.12-2.131, 15
[2] Lambert Wiesing, Sehen lassen – Die Praxis des Zeigens, Berlin 2013, 153

Wittgenstein schreibt: „Was jedes Bild, welcher Form immer, mit der Wirklichkeit gemein haben muss, um sie überhaupt – richtig oder falsch – abbilden zu können, ist die logische Form, das ist, die Form der Wirklichkeit."[1] Satz, Bild und Sachverhalt verbindet die logische Struktur, die in der materiell gegebenen Welt dieselbe ist wie in der Sprache oder im Bild: Man sieht das! Dafür kann man auch keine weiteren Gründe anführen, beispielsweise ein Repräsentationsverhältnis. Wittgenstein schreibt: „Mein Grundgedanke ist, dass die 'logischen Konstanten' nicht vertreten. Dass sich die Logik der Tatsachen nicht vertreten lässt."[2]

Die logische Struktur liegt überall vor und ist überall dieselbe. Das ist damit eine mystische Einheit, keine Differenz, keine Beziehung. Dessen ist sich Wittgenstein auch bewusst. Vielmehr ist die Struktur unmittelbar überall dieselbe, die in Sprache, Bild und Welt herrscht. Daher zeigt die Logik auch die Welt, ist die Logik die Basis aller wissenschaftlichen Erkenntnis und strukturiert die Empirie.

Letztlich versteht sich das aber doch nicht von selbst, entspricht aber dem positivistischen Geist der Zeit, der explizit oder implizit unterstellt, dass die modernen Wissenschaften die Welt endlich erfassen, wie sie wirklich ist, während die Religionen sich eben nur diverse metaphysische Bilder von der Welt machen. Wie diese trotzdem immer behaupten, das richtige Bild von der Welt zu haben, genau diesen Anspruch übernehmen die modernen Wissenschaften und tragen ihn in Form von Expertenwissen bis heute vor sich her.

Wittgensteins *Tractatus* wird vom *Wiener Kreis* begeistert aufgenommen. Wie der *Tractatus* stützt sich dieser ausschließlich auf das, was als Erfahrungserkenntnis verstanden wird. So schreibt Otto Neurath: „Es gibt keinen Weg zu inhaltlicher

---

[1] Wittgenstein, Tractatus logico-philosophicus (1921), , Nr. 2.18, 16
[2] Ebd., Nr. 4.0312, 29

Erkenntnis neben dem der Erfahrung; es gibt kein Reich der Ideen, das über oder jenseits der Erfahrung stände."[1]

Daraus ergibt sich für Rudolf Carnap, dass solche Ideen jenseits der Erfahrung kein Gegenstand der Philosophie sind. Sie führen nur zu ‚Scheinproblemen'. Unmittelbar erfahrbar ist denn auch nicht, was ein anderer Mensch erlebt. Das ist unmittelbar unzugänglich, höchstens indirekt: So bemerkt Carnap: „Zum Kern eines Erkenntniserlebnisses von Fremdpsychischem gehören nur Wahrnehmungen von Physischem. Das Fremdpsychische ist erkenntnismäßig sekundär' gegenüber dem Physischen."[2] Damit stellt er die Wissenschaftlichkeit der Psychologie, vor allem der Psychoanalyse in Frage, die um 1930 schon sehr bekannt war und von vielen aufgegriffen wurde.

---

[1] Otto Neurath, Wissenschaftliche Weltauffassung, Sozialismus und Logischer Empirismus (1929), Frankfurt/M. 1979, 99
[2] Rudolf Carnap, Scheinprobleme in der Philosophie (1928), Frankfurt/M. 1971, 76

4. DAS SPRACHSPIEL ALS KRITIK AM *TRACTATUS*

Gegen Ende der zwanziger Jahre verabschiedet sich Wittgenstein vom Programm seines Jugendwerkes, dem *Tractatus*, in dem es ihm um eine exakte Sprache ging, d.h. um die genaue Übereinstimmung von Aussage und Sachverhalt. Er erkennt, dass die Grundlage auch aller Wissenschaftssprachen die Alltagssprache ist, in der es solche Übereinstimmungen höchstens punktuell gibt, nicht aber generell. So heißt es bereits in den *Philosophischen Bemerkungen*: „Wie seltsam, wenn sich die Logik mit einer ‚idealen' Sprache befasste, und nicht mit *unserer*. Denn was sollte diese ideale Sprache ausdrücken? Doch wohl, das, was wir jetzt in unserer gewöhnlichen Sprache ausdrücken; dann muss die Logik also diese untersuchen. Oder etwas anderes: aber wie soll ich dann überhaupt wissen, was das ist? – Die logische Analyse ist die Analyse von etwas, was wir haben, nicht von etwas, was wir nicht haben. Sie ist also die Analyse der Sätze *wie sie sind*."[1] Das sind die Sätze der Alltagssprache, deren Bedeutung sich immer nur von Fall zu Fall eruieren lässt.

In seinem späten Hauptwerk *Philosophische Untersuchungen* wird er diese Kritik am *Tractatus* wiederholen. Logische Sprachen sind Spezialfälle, die sich von der Alltagssprache nicht nur abheben. Sie werden der Alltagssprache auch nicht gerecht. So fordert er etwas anderes als die Übereinstimmung von Aussage und Sachverhalt, nämlich: „Je genauer wir die

---

[1] Ludwig Wittgenstein, Philosophische Bemerkungen (1929/30), Werkausgabe Bd. 2, Frankfurt/M. 1984, Nr. 3, 52

tatsächliche Sprache betrachten, desto stärker wird der Widerstreit zwischen ihr und unsrer Forderung. (Die Kristallreinheit der Logik hatte sich mir ja nicht *ergeben*; sondern sie war eine Forderung.) Der Widerstreit wird unerträglich; die Forderung droht nun, zu etwas Leerem zu werden. – Wir sind aufs Glatteis geraten, wo die Reibung fehlt, also die Bedingungen in gewissem Sinne ideal sind, aber wir eben deshalb auch nicht gehen können. Wir wollen gehen; dann brauchen wir die *Reibung*. Zurück auf den rauen Boden!"[1] In einer idealen Sprache kann man über die Alltagswelt gerade nicht sprechen. Eine solche Sprache bleibt abgehoben und kann das Problem von Sprache und Welt höchstens im eigenen engen Rahmen lösen, was aber die Alltagssprach nicht tangiert, und nur eine von vielen Möglichkeiten darstellt.

Im *Blauen Buch* – der Titel verdankt sich dem blauen Umschlag der wenigen Kopien, die Wittgenstein davon anfertigen ließ –, das sehr gut in Wittgensteins Sprachphilosophie einführt, zeigt er, dass Sprache keine festgelegten Bedeutungen hat, die die Philosophie dann nur zu rekonstruieren hätte, wie es sich die analytische Philosophie vorstellt. Er schreibt: „Philosophen sprechen sehr häufig davon, die Bedeutung von Wörtern zu untersuchen, zu analysieren. Aber lasst uns nicht vergessen, dass ein Wort keine Bedeutung hat, die ihm gleichsam von einer von uns unabhängigen Macht gegeben wurde, so dass man eine Art wissenschaftlicher Untersuchung anstellen könnte, um herauszufinden, was das Wort *wirklich* bedeutet. Ein Wort hat die Bedeutung, die jemand ihm gegeben hat."[2] Dergleichen passiert beim Sprechen, also nicht in einem Himmel der Ideen, sondern in konkreten Situationen. Und in jeder Situation können Worte verschieden verwendet werden. Für Wittgenstein gibt es keine Privatsprache. Sprache verständigt zwi-

---

[1] Ludwig Wittgenstein, Philosophische Untersuchungen (1953), Werkausgabe Bd. 1, Frankfurt/M. 1984, Nr. 107, 297
[2] Wittgenstein, Das Blaue Buch (1933/34), Werkausgabe Bd. 5, Frankfurt/M. 1980, 52

schen Menschen, muss also verstanden werden. In diesem Sinn ist die Bedeutung von der jeweiligen konkreten Verwendung abhängig. Im *Blauen Buch* betont Wittgenstein diese Besonderheit: „Wir neigen dazu, zu vergessen, dass es allein der besondere Gebrauch eines Wortes ist, der dem Wort seine Bedeutung gibt."[1] Der Gebrauch ist jedenfalls alltagssprachlich nicht zu reglementieren, auch wenn sich trotz Wittgensteins Sprachphilosophie die neopositivistische Wissenschaftstheorie wie die analytische Philosophie um eine Reglementierung der Sprache weiterhin intensiv bemühen. Denn dann ließe sich eine gemeinsame Ontologie etablieren, die die Herrschaft der Expertokratien sichert. Ob damit Demokratie stabilisiert wird, wie es sich Habermas vorstellt, darf man bezweifeln. Es wäre doch nur die Demokratie der Experten.

Solchen Bemühungen die Alltagssprache durch eine Wissenschaftssprache zu ersetzen, sind für Wittgenstein bereits in seinem *Big Typescript* aussichtslog. Er schreibt: „Die Erklärung einer Sprache (der Zeichen einer Sprache) führt uns nur von einer Sprache in eine andere."[2] So gibt es für Wittgenstein verschiedene Sprachen, die sich gegeneinander abgrenzen. Zwar spricht er auch von der Sprache im Allgemeinen und nennt diese ein Sprachspiel – das einschlägige Wort seiner Sprachphilosophie –, aber es gibt für ihn viele verschiedene Sprachspiele. Man kann auch Modelle entwickeln, die Wittgenstein ebenfalls Sprachspiele nennt, um zu beschreiben oder vorzuführen, wie Sprache funktioniert.

Im *Braunen Buch* – der Titel verdankt sich ebenfalls einem Umschlag – taucht das Wort vom Sprachspiel auf, wenn Wittgenstein schreibt: „(. . .) ‚Sprachspiele' (. . .) sind dem, was wir im gewöhnlichen Leben Spiele nennen mehr oder weniger verwandt; Kinder lernen ihre Muttersprache mittels solcher Sprachspiele, und hier haben sie vielfach den unterhaltenden

---

[1] Ebd., 109
[2] Ludwig Wittgenstein, The Big Typescript (1933), Wiener Ausgabe Bd. 11, Wien, New York 2000, Nr. 3.4.1.14, 123

Charakter des Spiels. – Wir betrachten aber die Sprachspiele nicht als Fragmente eines Ganzen ‚*der* Sprache', sondern als in sich geschlossene Systeme der Verständigung, als einfache, primitive Sprachen."[1] Das klingt konstruktivistisch bzw. systemtheoretisch. Solche Sprachspiele sind in sich geschlossen und gegenüber anderen abgeschottet, quasi autopoetisch. Immer wenn man sich mit Sprache beschäftigt, dann spielt man verschiedene Sprachspiele, ist Sprachspiel somit kein genau bestimmter Begriff. Vielmehr heißt es in den *Philosophischen Untersuchungen*: „Man kann sagen, der Begriff ‚Spiel' ist ein Begriff mit verschwommenen Rändern. – ‚Aber ist ein verschwommener Begriff überhaupt ein Begriff?' – Ist eine unscharfe Photographie überhaupt ein Bild eines Menschen? Ja, kann man ein unscharfes Bild immer mit Vorteil durch ein scharfes ersetzen? Ist das unscharfe nicht oft gerade das, was wir brauchen?"[2] Eine scharfe Fotographie ist gemeinhin langweilig, kunstvoll sind dabei gerade Unschärfen. Man sieht ja auch vieles gar nicht scharf, besteht das Leben und vor allem die Alltagssprache aus vielen Unschärfen, die gar nicht in Schärfe umgewandelt werden können. Was ist das richtige Bild eines Menschen? Ein scharfes oder ein unscharfes? Viele werden für die Schärfe plädieren und damit höchstens eine künstliche, technische bzw. logische Welt konstruieren, die auch ihre Berechtigungen haben, die aber nicht die wahre Welt darstellen. Je schärfer das Foto eines Menschen, um so weniger stimmt es mit selbigem überein, da ein Gesicht niemals starr steht, so dass ein scharfes Foto den Menschen niemals zeigt, wie er ist, auch ein unscharfes nicht. Nur gaukelt ein unscharfes Bild nicht vor, ein Gesicht genau erfasst zu haben, was ja auch gar nicht geht, weil niemand „genau" aussieht. Und in der Lebenswelt gibt es keine Sekundenbruchteile. Es gibt gar keine Sekunden.

---

[1] Ludwig Wittgenstein, Eine Philosophische Betrachtung (Das Braune Buch, 1934/35), Werkausgabe Bd. 5, Frankfurt/M. 1980, Nr. 6, 121
[2] Wittgenstein, Philosophische Untersuchungen (1953), Nr. 71, 280

Welche Sprachformen auch immer, sie lassen sich verschieden interpretieren oder schlicht verschieden verwenden. Niemand kann dekretieren, wie sie zu gebrauchen sind, auch wenn das politische, religiöse oder soziale Systeme fleißig versuchen: „Jede Vorschrift kann als Beschreibung, jede Beschreibung als Vorschrift aufgefasst werden."[1] Das untergräbt jede militärische Ordnung. Davor fürchten sich alle politischen und religiösen Ideologien.

So gibt es neben dem Sprachspiel Sprache viele verschiedene Sprachspiele, die sich auch nicht vereinheitlichen lassen: „Man kann sich leicht eine Sprache vorstellen, die nur aus Befehlen und Meldungen in der Schlacht besteht. – Oder eine Sprache, die nur aus Fragen besteht und einem Ausdruck der Bejahung und der Verneinung. Und unzählige Andere. – Und eine Sprache vorstellen heißt, sich eine Lebensform vorstellen."[2] So gibt es unzählige verschiedene Sprachen, Sprachformen, Sprachspiele oder auch Diskurse, die sich nicht ineinander adäquat übersetzen lassen. Wie soll man eine Befehlssprache in eine beschreibende übersetzen? Sicher sind manchmal Annäherungen möglich, aber eher zufällig, denn planbar. Trotz Annäherung werden die Differenzen schwerlich überbrückt. Daran wird Lyotard anschließen, aber auch viele andere.

Wenn Grammatiken sich gemeinhin auf Regeln der Sprache berufen, müssen sie fleißig Ausnahmen einräumen. – welchen Sinn haben Regeln, wenn sie nicht verallgemeinerbar sind? Sind das überhaupt Regeln? Oder gelten Regeln sowieso nur unter bestimmten Bedingungen? Dann gibt es keine kategorischen Imperative. Jedenfalls insistiert Wittgenstein darauf, dass es in der Sprache keine allgemeinen und festen Regeln gibt. So schreibt Wittgenstein bereits im *Blauen Buch*, also ein gutes Jahrzehnt nach der Zeit des Jugendwerks *Tractatus*: „Denn bedenke, dass wir im allgemeinen die Sprache nicht nach strengen Regeln gebrauchen – man hat sie uns auch nicht nach

---

[1] Wittgenstein, Philosophische Bemerkungen (1929/30), Nr. 14, 59
[2] Wittgenstein, Philosophische Untersuchungen (1953), Nr. 19, 245

strengen Regeln gelehrt."[1] Das letzte Viertel Jahrhundert seines nicht allzu langen Lebens geht es Wittgenstein nicht mehr um ein adäquates ontologisches Fundament der Wissenschaften und damit auch der Politik, sondern darum zu beschreiben, wie die Sprache, vor allem die Alltagssprache funktioniert. Und das lässt sich wiederum nur alltagssprachlich ausdrücken, nicht in einer vermeintlich höheren, objektiveren Sprache, einer Metasprache, die für ihn unmöglich ist, weil diese nur durch Macht nicht durch Sprache ihre vermeintlich gehobenere Position erhält.

So lässt sich die Sprache denn auch nicht durch Regeln beschreiben, sondern nur anhand konkreter Beispiele. Darum bemüht sich Wittgenstein in diesem Viertel Jahrhundert seines philosophisch entscheidenden Leben, dem gegenüber die Zeit des *Tractatus* eher von Verirrungen geprägt ist. So heißt es in seiner späten Schrift *Über Gewissheit*: „Um eine Praxis festzulegen, genügen nicht Regeln, sondern man braucht auch Beispiele. Unsre Regeln lassen Hintertüren offen, und die Praxis muss für sich selbst sprechen."[2] Sprachregeln sind nicht mehr als nachträgliche Konstruktionen, die man dann zu allgemeinen Gesetzen erhebt. Gesetze aber sind staatlich sanktioniert. Sie gelten in einem überschaubaren Rahmen und häufig wird gegen viele Gesetze laufend verstoßen. Dieses Wort auf die Natur übertragen, unterstellt der Natur, dass sie nach strengen Regeln ablaufe, was man höchstens konstruieren kann. Gesetze machen Menschen, nicht Naturen und Naturgesetze bleiben ideale Konstrukte. Das Herbstlaub fällt niemals nach irgendeinem Gesetz!

Hinzu kommt noch ein anderes Problem, das Wittgenstein erkannt hat. Wann man eine Regel anwendet, ergibt sich keineswegs von selbst. Man müsste dazu eigentlich eine Regel haben. Freilich würde auch für diese dasselbe gelten, so dass

---

[1] Wittgenstein, Das Blaue Buch (1933/34), 49
[2] Ludwig Wittgenstein, Über Gewissheit (1949-51), Werke Bd. 8, Frankfurt/M. 1984, Nr. 139, 149

man in einen unendlichen Regelregress geriete. Wie heißt es in den *Philosophischen Untersuchungen*: „Glaub nicht immer, dass du deine Worte von Tatsachen abliest; diese nach Regeln in Worte abbildest! Denn die Anwendung der Regel im besonderen Fall müsstest du ja doch ohne Führung machen."[1] Regelanwendungen haben somit einen willkürlichen Charakter. Letztlich kann man Regeln gar nicht befolgen. Man kann mit ihnen nur im Nachhinein Vorgänge beschreiben und einordnen.

Robert B. Brandom hat in seinem Opus Magnum im Anschluss an Wittgenstein darauf hingewiesen, dass sich Regeln nicht einfach befolgen lassen, dass sie aber zum Verständnis von Vorgängen gebraucht werden können. Denn, so Brandom: „Widerspruch, richtige Inferenz, richtiges Urteil sind alles *normative* Begriffe und keine *natürlichen*."[2] Regeln beschreiben nicht Regeln, sondern konstruieren sie. Regeln kann man daher nicht einfach befolgen. Aber man kann Prozesse mit ihnen rekonstruieren. Sie sind nicht Teil der Prozesse, sondern prägen die Beobachtung derselben, die erst erzeugt, was zu beobachten sie vorgibt.

So kulminieren Wittgensteins Analysen der Sprache und ihrer Bedeutungen in den Worten: „Man kann für eine *große* Klasse von Fällen der Benützung des Wortes ‚Bedeutung' – wenn auch nicht für *alle* Fälle seiner Benützung – dieses Wort so erklären: Die Bedeutung eines Wortes ist sein Gebrauch in der Sprache. Und die *Bedeutung* eines Namens erklärt man manchmal dadurch, dass man auf seinen *Träger* zeigt."[3]

Damit hat Wittgenstein die Bemühungen des Neopositivismus wie der analytischen Philosophie ad absurdum geführt, dass es einen notwendigen Zusammenhang von Sprache und Welt gibt nämlich in der Form, dass Sprache eine von ihr un-

---

[1] Wittgenstein, Philosophische Untersuchungen (1953), Nr. 292, 373
[2] Robert B. Brandom, Expressive Vernunft (1994: Making it explicit), Frankfurt/M. 2000, 48
[3] Wittgenstein, Philosophische Untersuchungen (1953), Nr. 43, 262

abhängige vorliegende Natur adäquat zu erfassen und damit auszudrücken in der Lage wäre.

Doch nicht nur Wittgensteins *Philosophische Untersuchungen*, die posthum 1953 erschienen – hatte er ja auch seine anderen Werke nicht veröffentlicht, wohl ahnend, dass sie seine Freunde von der analytischen Philosophie wenig goutieren würden – erschütterten das neopositivistische Verständnis vom Verhältnis von Sprache und Welt.

John Austin führte vor, dass Sprache längst nicht nur spiegelt, wiedergibt oder repräsentiert, sondern vor allem auch eine Form des Handelns darstellt. Wie heißt es doch in seinem entscheidenden Buch mit dem so signifikanten englischen Titel *How to do things with Words*: „Wenn ich vor dem Standesbeamten oder am Altar sage ‚Ja', dann berichte ich nicht, dass ich die Ehe schließe; ich schließe sie. Wie sollen wir Sätze oder Äußerungen dieser Art nennen? Ich schlage als Namen ‚performativer Satz' oder ‚performative Äußerung' vor. Den Ausdruck ‚performativ' werden wir in einer Reihe verwandter Arten und verwandter Konstruktionen benutzen, ganz ähnlich wie es mit dem Ausdruck ‚Imperativ' ist. Der Name stammt natürlich von ‚to perform', ‚vollziehen': man ‚vollzieht' Handlungen. Er soll andeuten, dass jemand, der eine solche Äußerung tut, damit eine Handlung vollzieht – man fasst die Äußerung gewöhnlich nicht einfach als bloßes Sagen auf."[1]

Der Begriff der Performanz oder Performativität wird dann in der poststrukturalistischen Philosophie Karriere machen. Sprechen ist in keiner Weise folgen- und wirkungslos, wie man es im gewaltorientierten 19. Jahrhundert und noch bis um 1950 weitgehend glaubte. Die eigentliche Macht ist die Sprache, weil sie dem Tun – dem Schießen – überhaupt erst Bedeutung verleiht. Ohne die Beobachter, ohne die Historiker gäbe es keine Geschichte. Ohne Homer – so Hannah Arendt – gäbe es keinen Trojanischen Krieg. Die Sprache handelt also aus sich

---

[1] John Langshaw Austin, Zur Theorie der Sprechakte (How to do things with Words (1962 / 1955), Stuttgart 1972, 27

heraus ohne Grundlage in einer vermeintlich unabhängig vorliegenden Seinsordnung. Dann wird die Frage, wie die Sprache eine unabhängig vorliegende Welt adäquat spiegelt, sinnlos. Das kann sie nicht, sie verleiht der Welt erst diesen vermeintlich vorliegenden Charakter.

Um 1960 herum wird das neopositivistische Wissenschaftsverständnis noch auf eine andere Weise erschüttert. Thomas S. Kuhn stellt nämlich das herrschende Fortschrittsverständnis in Frage, nach dem die Wissenschaften sich sukzessive immer weiter verbessern, die Natur und die Kultur immer besser erfassen und daher auch angemessen zu steuern in der Lage sind. Kuhn dagegen führt vor, dass die Wissenschaften immer auf bestimmten Modellen ihres Wissens beruhen, die Kuhn Paradigmen nennt. Unter dem jeweilig herrschenden Paradigma gelangt die jeweilige Wissenschaft zu Ergebnissen, die das Paradigma erlaubt. Dabei gerät sie immer wieder an Grenzen. Das zwingt dazu, das Paradigma zu ändern. Das ist dann aber kein kontinuierlicher Fortschritt mehr, sondern eine strukturelle Veränderung. Kuhn schreibt: „Unter der Führung eines neuen Paradigmas verwenden die Wissenschaftler neue Apparate und sehen sich nach neuen Dingen um. Und was noch wichtiger ist, während der Revolutionen sehen die Wissenschaftler neue und andere Dinge, wenn sie mit bekannten Apparaten sich an Stellen umsehen, die sie vorher schon einmal untersucht hatten."[1]

Der Fortschritt verläuft also über Brüche. Vor allem aber beruhen wissenschaftliche Erkenntnisse dann auf ihren eigenen Modellen, nicht darauf, dass sie eine von den Wissenschaften unabhängig vorliegende Natur zunehmend adäquat erfassen. Kuhn schreibt: „Um als Paradigma angenommen zu werden, muss eine Theorie besser erscheinen als die mit ihr im Wettstreit liegenden, sie braucht aber nicht – und tut es tatsächlich auch niemals – alle Tatsachen, mit denen sie konfrontiert wird,

---

[1] Thomas S. Kuhn, Die Struktur wissenschaftlicher Revolutionen (1961), Frankfurt/M. 1973, 123

zu erklären."[1] Also das neue Paradigma erklärt gewisse Angelegenheiten erfolgreicher als das alte. Aber alle wissenschaftlichen Erklärungen beruhen auf gewissen Paradigmen. Diesen verdanken sie denn auch ihre Probleme, die sie gar nicht oder nur unzulänglich lösen können und die dann dazu führen, ein neues Paradigma auszuprobieren. Kuhn bemerkt: „Eine Anomalie stellt sich nur vor dem durch das Paradigma gelieferten Hintergrund ein."[2] Wissenschaftlicher Fortschritt verdankt sich dann aber primär der Entfaltung bestimmter Verfahrensweisen. Die Natur wird nicht kontinuierlich von den Wissenschaften immer besser, perfekter adäquater erfasst, wie es sich Galilei vorstellt.

Und noch eine ironische Nebenbemerkung wider den herrschaftsfreien Dialog: Freilich werden sich die Vertreter des alten Paradigmas nicht vom neuen überzeugen lassen. Nein, so Kuhn, sie sterben aus. Aber als guter Christ darf man dergleichen niemandem wünschen, auch nicht der abstrusesten Theorie.

---

[1] Thomas S. Kuhn, Die Struktur wissenschaftlicher Revolutionen (1961), 32
[2] Ebd., 77

5. DIE KRITIK DES RADIKALEN KONSTRUK-TIVISMUS AN DER OBJEKTIVITÄT DER NATURWISSENSCHAFTEN

Kuhn ebnet damit den Weg in den radikalen Konstruktivismus, mehr noch als dass er den des Poststrukturalismus ebnete. Denn der radikale Konstruktivismus nimmt in den sechziger Jahren Fahrt auf.

So bezweifelt Maturana die Unterscheidung zwischen wahrer und scheinbarer Realität, auf die sich Habermas ja auch gar nicht stützen will. Doch während letzterer die Debatte über eine vorliegende, von Menschen unabhängige, aber erkennbare Realität, also eine gemeinsame Ontologie – d.h. dass das Sein des Seienden nicht in Frage steht, höchstens einzelnes Seiendes – nicht zulassen will, gibt sich Maturana nicht damit zufrieden, diese Fragestellung um der gemeinsamen Praxis willen einfach zu übergehen. So könnte doch eine solche Praxis, wie sie Habermas vorschwebt, auf schwachen Füßen stehen, gerade wenn es den modernen Wissenschaften ja um fortschreitende objektive Erkenntnis der Welt und damit um Erfahrungserkenntnis geht, was diese indes nicht einzulösen vermögen, wie es Wittgenstein, Austin und Kuhn vorführen. Man könnte auch auf Einsteins Relativitätstheorie verweisen, der die Begriffe der Physik durch Instrumente und deren Produkte bestimmen will und nicht durch Idealitäten.

Damit stellt sich auf ein Neues die Grundfrage Kants: Was kann ich wissen? Daraus ergibt sich für Maturana das Problem, „dass wir weder Unterscheidungen noch Erklärungen oder sonstige Aussagen auf eine unabhängige Außenwelt stützen können. Wir müssen uns also mit der Grundbedingung anfreunden, im Akt des Unterscheidens nicht gegebene Differenzen bloß festzustellen und zu bestätigen, sondern das Unterschiedene selber aktiv zu konstituieren, hervorzubringen oder zu erzeugen."[1] Unterscheidungen liegen nicht vor, sowenig wie die Umwelt von sich aus Unterscheidungen liefern würde. Menschen treffen aus ihren Blickwinkeln heraus Unterscheidungen, geben damit nicht nur Dingen Namen, sondern unterscheiden diese dadurch von anderen, d.h. sie konstruieren sie erst als solche, indem sie sie von anderen Dingen abgrenzen. In einem Wald scheint alles zusammenzugehören. Bäume daraus herauszulösen, bleibt ein willkürlicher Akt. System und Umwelt – so Niklas Luhmann – sind voneinander geschieden.

Nicht anders verfahren für von Glasersfeld die Naturwissenschaften. Um Erfahrungen zu machen, müssen sie die Gegenstände dieser Erfahrung vorab bestimmen. Daraus ergeben sich dann Daten, die man wissenschaftlich durch Beobachtung sammeln kann. Dabei konzentrieren sich die Wissenschaften just auf die Aspekte, die sie interessieren und blenden andere aus. Dadurch schaffen sie sich ihre eigene Erfahrungswelt. Kritiken derselben – dabei bezieht sich von Glasersfeld auf Thomas S. Kuhn – werden dabei regelmäßig übergangen. Kuhn stellt den kontinuierlichen Fortschritt der Wissenschaften in Frage, handelt es sich dabei primär um Wechsel von Paradigmen. Kuhn schreibt: „Das Ersetzen der Regeln durch Paradigmata sollte die Mannigfaltigkeit der wissenschaftlichen Gebiete und Teilgebiete besser verständlich machen."[2] Die Wissenschaften selbst bestehen aus einer Mannigfaltigkeit von Paradigmen als Grundlage ihrer Erkenntnisse.

Und von Glasersfeld bemerkt: „Das naturwissenschaftliche Verfahren besteht darin, begrenzte Erfahrungssituationen so zu modellieren, dass man sich auf einige wenige Variablen konzentriert und ganz bewusst viele andere ausschließt. Es gibt keine andere Möglichkeit, und die Naturwissenschaft sollte

---

[1] Humberto Maturana, Was ist Erkennen? (1992), München, Zürich 1994, 53
[2] Thomas S. Kuhn, Die Struktur wissenschaftlicher Revolutionen (1961), 63

auch nicht anders verfahren. Die Naturwissenschaftler dürfen aber niemals der fehlgeleiteten religiösen Überzeugung verfallen, dass sie mit ihren Methoden entdecken, wie die Welt wirklich ist."[1]

In der Tat beseelte die modernen Naturwissenschaften an ihren Anfängen bei Francis Bacon und Galilei ein solcher metaphysischer Anspruch, die Welt zu erkennen, wie sie wirklich ist, was ja die Religion zumeist behauptet. Für Galilei hat die Natur eine quantitative Struktur, die sich mit der Geometrie und der Mathematik erfassen lässt. Er schreibt: „Die Philosophie ist geschrieben in jenem großen Buche, das immer vor unseren Augen liegt; aber wir können es nicht verstehen, wenn wir nicht zuerst die Sprache und die Zeichen lernen, in denen es geschrieben ist. Diese Sprache ist Mathematik, und die Zeichen sind Dreiecke, Kreise und andere geometrische Figuren, ohne die es dem Menschen unmöglich ist, ein einziges Wort davon zu verstehen; ohne diese irrt man in einem dunklen Labyrinth herum."[2] Mit der Mathematik versteht man für Galilei die Natur an sich, also wie sie wirklich ist, nicht wie sie von Menschen erst konstruiert bzw. verstanden wird.

Doch bereits mit der Entdeckung der Subjektivität durch Descartes und deren Ausbuchstabierung durch Kant, aber auch durch den skeptischen Zweifel David Humes hätte man solche Ansprüche als Illusion erkennen müssen. Wie bemerkt Hume: „ich bin viel eher geneigt, in meine Sinne, oder besser gesagt, in meine Einbildungskraft gar kein Vertrauen zu setzen, als ihnen so unbedenklich zu vertrauen."[3] Einen solchen Skeptizismus verdrängt freilich schon die Aufklärung.

---

[1] Ernst von Glasersfeld, Die Logik der naturwissenschaftlichen Fehlbarkeit (1987); in: Ders. Wege des Wissens – Konstruktivistische Erkundungen durch unser Denken, 2. Aufl. Heidelberg 2013, 76

[2] Galileo Galilei, Il Saggiatore (1623), Le opere di G. Galilei, Firenze 1932, 232

[3] David Hume, Traktat über die menschliche Natur (A Treatise of Human Nature, 1739-1740), Buch I-III, Hamburg 1973, 286

Vor allem Kant weist daraufhin, dass das Prinzip der Kausalität, das Grundprinzip aller Erkenntnis, besonders der modernen Naturwissenschaften, nicht aus der Erfahrung abgeleitet werden kann, sondern von der Vernunft aller Erkenntnis zugrunde gelegt wird. Ähnlich sieht das auch Hermann von Helmholtz 1881, den von Glasersfeld zitiert: „'Ich habe mir erst später klar gemacht, dass das Prinzip der Kausalität in der Tat nichts anderes ist als die Voraussetzung der Gesetzlichkeit aller Naturerscheinungen.' Das bedeutet also, dass wir erwarten, dass die Welt, in der wir leben, eine Welt ist, in der es gewisse Regelmäßigkeiten gibt, eine Welt, die nach gewissen Regeln funktioniert. Da die Naturwissenschaftler einige dieser Regularitäten als ‚Naturgesetze' bezeichnen, dürfte die Frage nicht allzu dumm sein, wie wir denn solche Regularitäten erkennen oder wie wir sie konstruieren."[1] Man sucht nach Gleichförmigkeiten und Wiederholungen und fasst diese als Regularität. Mittels Regeln und Gesetzlichkeiten interpretiert man dann Naturprozesse, die man zuvor dementsprechend erfasst hat. Naturgesetze liegen nicht vor, Gesetze machen Menschen, um die Natur menschengerecht zu erfassen. Die Natur kümmert das nicht. In einem originären Sinn gibt es keine Naturgesetze.

Gerade das Prinzip der Kausalität unterstreicht, dass sich nicht nur die Wissenschaften autopoietisch verhalten, sondern Organismen im Allgemeinen – nach Niklas Luhmann als „völlig getrennte, selbstreferentiell-geschlossene, autopoietisch-reproduktive Systeme".[2] Diese Einsicht beseelt den radikalen Konstruktivismus. So schreibt von Foerster: „Da aber die Eigenwerte, oder das Eigenverhalten, sich als unabhängig von den Anfangsbedingungen herausstellen, kann man die ‚Ur-Sache' nicht für das schliessliche Verhalten des Organismus

---

[1] Zit. bei von Glasersfeld, Die Logik der naturwissenschaftlichen Fehlbarkeit (1987), 73
[2] Niklas Luhmann, Autopoiesis als soziologischer Begriff (1987); in: Ders., Aufsätze und Reden, Stuttgart 2001, 121

verantwortlich machen."[1] Organismen werden nicht primär durch ihre Umwelt ursächlich angetrieben und gelenkt, sondern durch ihre internen Mechanismen. Das gilt auch für das System der modernen Wissenschaften bzw. für alle Einzelwissenschaften. Dadurch wird die Idee einer von der menschlichen Erkenntnis unabhängigen, aber von dieser adäquat erfassbaren äußeren Wirklichkeit zu einer bloßen Vorstellung von Seiendem, ohne dass diese sich in einem konkreten nichtsprachlichen Sein situieren ließe. Die Sprache spricht der Mensch. Heideggers Grundfrage nach dem Sinn von Sein erhält dadurch große Aktualität, von der der philosophische Mainstream natürlich nichts wissen will.

Auch beim Wissenschaftler handelt es sich um einen einzelnen Menschen. Von Glasersfeld bedient sich dabei des Begriffs des Subjekts – ähnlich wie Foucault. Erfahrungen ergeben sich aus Erlebnissen, die sich wiederholen lassen und die dadurch so erscheinen, als spiegelten sie die Wirklichkeit, während sie diese doch nur aus solchen koordinierten Wiederholungen und Abgleichungen aufbauen. Die Wirklichkeit bleibt dadurch ein subjektives Konstrukt. Daran ändert sich auch nichts, wenn die Subjekte ihre Erfahrungen mit denen anderer Subjekte abgleichen. Von Glasersfeld schreibt: „Da andere ebenso subjektive Konstrukte im Erlebensfeld des handelnden Subjekts sind wie alle anderen Dinge, Verhältnisse und Vorgänge, kann die Tatsache, dass ein anderer mir ein Erlebnis bestätigt, dem Erlebten unmöglich eine unabhängige, ontologische ‚Existenz' verleihen."[2] Leider widersprechen solche Subjektbegriffe dem Verständnis Kants. Aber die Verwendungsweisen von Sprache wandeln sich. Am Sachgehalt ändert das freilich nichts.

---

[1] Heinz von Foerster, Entdecken oder Erfinden – Wie lässt sich Verstehen verstehen? (1992); in: Heinz Gumin, Heinrich Meier (Hrsg.), Einführung in den Konstruktivismus, 10. Aufl. München 2010, 74
[2] von Glasersfeld, Konstruktion der Wirklichkeit des Begriffs der Objektivität (1992); in: ebd., 37

In der Kommunikationstheorie von Habermas spielt die Intersubjektivität indes eine die unabhängige Ontologie aufbauende Rolle. So schreibt Habermas: „Aber die alltäglichen Routinen beruhen, ungeachtet dieser Unsicherheiten, auf dem rückhaltlosen Vertrauen in das Wissen von Laien wie von Experten."[1]

Doch nicht nur dass man immer wieder erleben kann, wie sich Gruppen gegenseitig in Vorurteilen und Irrtümern bestärken. Auch durch eine Gruppe von gebildeten Wissenschaftlern lässt sich nicht garantieren, dass sie eine unabhängige Wirklichkeit zu erfassen in der Lage sind, verharren sie bei ihren Erfahrungen regelmäßig im ihrem wissenschaftlich begrifflichen und methodischen Rahmen. Würden sie ihn verlassen, verstoßen sie gegen die Regeln ihres wissenschaftlichen Diskurses und laufen Gefahr, aus diesem ausgeschlossen zu werden. So bemerkt Paul Feyerabend, „dass der Gedanke einer festgelegten Methode oder einer feststehenden Theorie der Vernünftigkeit auf einer allzu naiven Anschauung vom Menschen und seinen sozialen Verhältnisse beruht."[2]

Freilich räumt von Glasersfeld 1995 ein: „Aus konstruktivistischer Sicht kann kein Subjekt die Grenzen seiner individuellen Erfahrung überschreiten. Diese Beschränkung schließt jedoch keineswegs den Einfluss und die formenden Einwirkungen sozialer Interaktion aus."[3] Wie man sich die Welt zurechtlegt, wird also selbstredend durch Kommunikation beeinflusst. Dabei gleicht man die jeweilige Weltvorstellung auch mit anderen ab. Wenn man dabei zu Übereinstimmungen über die Erlebnisse und Weltvorstellungen gelangt, würde man von Objektivität sprechen.

---

[1] Jürgen Habermas, Wahrheit und Rechtfertigung – Zu Richard Rortys pragmatischer Wende; in: ders., Wahrheit und Rechtfertigung – Philosophische Aufsätze, Frankfurt/M. 1999, 255

[2] Paul Feyerabend, Wider den Methodenzwang – Skizze einer anarchistischen Erkenntnistheorie (1975), Frankfurt/M. 1976, 45

[3] Ernst von Glasersfeld, Radikaler Konstruktivismus – Ideen, Ergebnisse, Probleme (1995), Frankfurt/M. 1997, 23

Von Glasersfeld aber verwendet statt Objektivität den konstruktivistischen Begriff der Viabilität. Statt sich auf eine vorliegende äußere Ontologie zu beziehen wie der gängige wissenschaftliche Begriff der Objektivität, der auch die Alltagswelt entsprechend durchzieht, drückt Viabilität stärker die Koordinierung von Vorstellungen aus, so dass Übereinstimmungen entstehen. Von Glasersfeld schreibt: „Handlungen, Begriffe und begriffliche Operationen sind dann viabel, wenn sie zu den Zwecken oder Beschreibungen passen, für die wir sie benutzen. Nach konstruktivistischer Denkweise ersetzt der Begriff der Viabilität im *Bereich der Erfahrung* den traditionellen philosophischen Wahrheitsbegriff, der eine ‚korrekte' *Abbildung der Realität* bestimmt."[1] Viabilität heißt jedenfalls nicht, dass man mit viablen Vorstellungen die Welt an sich erfasst. Aber man bewegt sich damit in einer intersubjektiv sich ergebenden Wirklichkeit, die dadurch allerdings erst entsteht.

Derart könnte man nach von Glasersfeld Viabilität als Objektivität bezeichnen, freilich nur in diesem eingeschränkten konstruktivistischen Sinn. Das ließe sich durchaus mit Kants Gebrauch von Subjektivität und Objektivität vergleichen. Denn für Kant ist alle Objektivität subjektiv, wird sie vom Subjekt aus bestimmt, verwendet Kant beide Begriffe nicht selten fast synonym: Das Subjekt – freilich die allgemeine Struktur der Gemütskräfte, nicht eine individuelle Perspektive, die heute zumeist das Verständnis des Subjekts prägt – liegt aller Objektivität zugrunde. Nur hat sich dieses Verständnis völlig verflüchtigt, wäre es für viele wenig erhellend, wahrscheinlich eher verwirrend, würde man von Objektivität schreiben und damit Subjektivität meinen und umgekehrt. Der Begriff der Viabilität schließt solche Missverständnisse von vornherein aus. In ähnlicher Weise hat auch die heute verbreitete Verwendung des Begriffs ‚Subjekt' gar nichts mehr mit dem Begriff Kants zu tun, auch wie Foucault von Subjekten schreibt. Freilich werden die wenigstens mit dem Begriff Viabilität etwas

---

[1] Ebd., 43

anfangen können, hat sich Viabilität nicht gerade weit verbreitet. So kritisiert auch von Glasersfeld die modernen Wissenschaften: „Die Vertreter der Naturwissenschaft neigen dann dazu, zu behaupten, das Wissen und die Erkenntnis, die sie gewinnen, seien objektiv, wohingegen die Behauptungen ihrer Gegner sich auf Mythen gründen. Das mag in der Vergangenheit plausibel geklungen haben, neuere Entwicklungen in der Geschichte und der Theorie der Naturwissenschaften haben jedoch ernsthafte Zweifel in Bezug auf jene Objektivität entstehen lassen"[1] Von Glasersfeld verteidigt damit auch Poststrukturalismus und Postmoderne vor dem Vorwurf einer Rückkehr zum Mythos oder zur Mystik, wie ihn Habermas formuliert hat. Dabei war sich schon Auguste Comte der Relativität wissenschaftlicher Erkenntnisse bewusst. Spätestens seit Einsteins Relativitätstheorie erweisen sich die naturwissenschaftlichen Begriffe als abhängig von ihren Verfahren, zu denen natürlich ebenfalls ihre Instrumente zählen. Doch die zeitgenössischen Wissenschaften blenden dergleichen aus. Es würde sie schließlich schwächen.

Man sollte den Menschen auch nicht mehr wie Hobbes als einfachen Mechanismus verstehen, der immer auf gleiche Weise reagiert. Heinz von Foerster unterscheidet triviale Maschinen, die dem Mechanismus entsprechen und auf einen bestimmten Input immer den gleichen Output liefern, von nichttrivialen Maschinen, die einen Input durch ihr eigenes System unterschiedlich bearbeiten können. Das sind beispielsweise Menschen, Organismen, Organisationen. Für von Foerster sind nicht-triviale Maschinen „1. synthetisch determiniert; 2. analytisch unbestimmbar; 3. vergangenheitsabhängig; 4. unvoraussagbar."[2] Die wissenschaftliche Objektivität wird nach Foerster

---

[1] von Glasersfeld, Die Logik der naturwissenschaftlichen Fehlbarkeit (1987), 61
[2] Heinz von Foerster, Entdecken oder Erfinden – Wie lässt sich Verstehen verstehen? (1992), 65

damit durch „Gödel: Unvollständigkeits-Theorem, Heisenberg: Unschärfe-Relation, Gill: Unbestimmbarkeits-Prinzip" beschränkt. Wissenschaftliche Erkenntnis erreicht gerade nicht mehr den Status, Erkenntnis von einer vorliegenden, von ihr selbst unabhängigen Welt zu sein. Wie bemerkt doch Heisenberg: „Auch in der Naturwissenschaft ist also der Gegenstand der Forschung nicht mehr die Natur an sich, sondern die der menschlichen Fragestellung ausgesetzte Natur, und insofern begegnet der Mensch auch hier wieder sich selbst."[1]

Damit unterliegt das Wissen Bedingungen der Zeit und der Veränderung, was eigentlich schon ein Blick in die Wissenschaftsgeschichte unterstreicht. Ähnliche Phänomene werden unterschiedlich interpretiert: die kopernikanische Wende. Und je komplexer und digitaler das Wissen sich auflädt, um so schneller könnte es sich wandeln. Wissen ist nichts Festes mehr, absolut Gültiges, sondern erhält selbst prozesshaften Charakter. So schreibt von Glasersfeld: „Der radikale Konstruktivismus ist also (. . .) eine besondere Art, Wissen zu begreifen, und zwar Wissen nicht nur als Ergebnis, sondern auch als Tätigkeit. Da diese Denkweise mit der dominanten philosophischen Tradition bricht, war und ist sie ziemlich unbeliebt."[2] Also, auch im Lager des radikalen Konstruktivismus erlebt man die Ablehnung, mit der man vor allem dem Poststrukturalismus begegnet. Wer das Wissen der Naturwissenschaften nicht als der Natur adäquat anerkennt, gilt nicht mehr nur als Häretiker, kann es ihm vielmehr passieren als Leugner disqualifiziert zu werden, beispielsweise als Klima-Leugner – vernichtender geht es nicht, winkt hintergründig dabei das Wort vom ‚Auschwitz-Leugner. Und mit großem Pathos droht man mit dem Weltuntergang, in der Corona-Politik mit dem Zusammenbruch des Hospitalwesens.

---

[1] Werner Heisenberg, Das Naturbild der heutigen Physik, Hamburg 1955, 18
[2] von Glasersfeld, Radikaler Konstruktivismus (1995), 43

6. DER LOGISCHE KONSTRUKTIVISMUS DER ERLANGER SCHULE

Vor dem Hintergrund, dass Wittgenstein vorführt, wie Sprache autonom gegenüber jeder Beziehung zu einer vorliegenden, von der Erkenntnis unabhängigen Welt operiert, nach Austin Sprache einen performativen Charakter hat und nach Kuhn die modernen Wissenschaften keinen kontinuierlichen, die Erkenntnis sukzessive erweiternden Fortschritt ergeben, will die Erlanger Schule des logischen Konstruktivismus die Adäquanz von Sprache und Welt unter Einbeziehung dieser Einwände trotzdem nachweisen, genauer konstruieren – anders lässt sich das nicht mehr realisieren. Oberhaupt dieser Schule ist der Mathematiker Paul Lorenzen.

So berücksichtigt die Erlanger Schule zunächst Wittgensteins Ausgangspunkt, dass alle Wissenschaftssprachen ihr Fundament in der Alltagssprache haben. Eine andere Begründung einer Wissenschaftssprache würde sich wie die von Russell oder die des *Tractatus* in einer idealen Konstruktion verlieren, die dem empirischen Anspruch moderner Wissenschaften nicht gerecht würde. So schreiben Wilhelm Kamlah und Paul Lorenzen in der ersten Erlanger Bibel der frühen siebziger Jahre, der *Logischen Propädeutik*: „Wir beginnen also inmitten und mit Hilfe unserer Umgangssprache, aber auch der Aufbau des wissenschaftlichen Sprechens wird nicht ganz und gar der Zirkelbewegung entraten. Jedoch die Einführung derjenigen Wörter, die eines nach dem andern den Aufbau tragen werden, soll von jetzt an zirkelfrei a primis fundamentis versucht werden."[1] Eine methodisch zirkelfreie Einführung der wissenschaftlichen Begriffe wird trotzdem angestrebt. Sonst würde man ja dem hermeneutischen Zirkel gar nicht entgehen.

Von Wittgenstein hat man gelernt, dass Sprache immer in Situation ihre Bedeutung erhält. Also geht man in Erlangen nicht mehr davon aus, Wissenschaftssprachen idealiter einzuführen, sondern man erfindet eine Situation für diese Einführung. So schreiben Kamlah, Lorenzen: „Wir beginnen nun mit einer einfachen sprachlichen Handlung, indem wir z.B. sagen: ‚Dies ist ein Fagott.' Genauer, wir denken uns eine Situation, in der ein Musikschüler über die Holzblasinstrumente aufgeklärt wird: Der Lehrer nimmt ein Fagott in die Hand und sagt, den angeführten Satz. Der Satz stellt eine sprachliche Handlung dar, die in diesem Falle verbunden ist mit einer Handlung des Hinweisens. Diese ‚deiktische' Handlung, wie wir sagen wollen, wird zugleich von der zeigenden oder greifenden Hand und dem Wörtchen ‚dies' ausgeführt."[2] Die situativ konstruierte Einführung stützt sich dabei zentral auf die deiktische Zeigehandlung. Sie soll sicherstellen, dass mit dem Wort ein bestimmter Gegenstand bzw. eine bestimmte Bedeutung verbunden wird. Derart soll sich ein Wort methodisch zirkelfrei auf einen Gegenstand beziehen. Unter Berücksichtigung von Wittgensteins Einwänden glaubt man, auf diese Weise das Verhältnis von Sprache und Welt geklärt zu haben, ohne zum *Tractatus* zurückzukehren, vielmehr gleichzeitig auch im Anschluss an die Sprechakttheorie, den Pragmatismus und unter Berücksichtigung der *Ordinary Language Philosophy*. Deren Einwände will man derart berücksichtigen.

Damit man zudem eine solche Sprache formalisieren kann, führt man das Wort Prädikator ein, das Substantive, Adjektive und Verben meint, also Worte, die eine konkrete Bedeutung haben und nicht nur Relationen angeben. So heißt es in der

---

[1] Wilhelm Kamlah, Paul Lorenzen, Logische Propädeutik, Mannheim, Wien, Zürich 1967, 27
[2] Ebd.

Logischen Propädeutik: „Und zwar sagen wir in jedem dieser kleinen Sätze von einem Gegenstand, auf den wir hinzeigen, etwas aus, indem wir dem Gegenstand einen Prädikator zusprechen. Dieser Ausdruck ‚Prädikator' ist in Anlehnung an den grammatischen Ausdruck ‚Prädikat' gebildet und zugleich in Abhebung davon."[1] Da die Einführung von Prädikatoren durch bestimmte Verfahrensweisen stattfindet, spricht man von Prädikatorenregeln. Diese sollen die Adäquanz von Wort und Gegenstand gewährleisten, so dass die Prädikatoren Worten eine klare Bestimmung verleihen und alle Zweideutigkeiten ausschließen. Im Erlangen jener Jahre kursierte das Bonmot, dass Lorenzen im Buchladen ein Buch über Aufklärung verlangt hätte und ein Buch über Sexualaufklärung angeboten bekam, was er seiner Frau Käthe unbedingt verschweigen musste. Stattdessen avancierte das Wort Fagott zum geflügelten Symbol aller Prädikatoren.

Mitte der siebziger Jahre wurde die *Logische Propädeutik* durch ein neues Buch von Lorenzen und seinem damaligen Assistenten Oswald Schwemmer ersetzt: *Konstruktive Logik, Ethik und Wissenschaftstheorie*, die zweite Erlanger Bibel der späten Siebziger. Es geht darum, die einführende Situation zu präzisieren, also diese Einführung pragmatisch zu gestalten – auch ein Anschluss an das Sprachspiel Wittgensteins, wiewohl man dieses Konzept doch massiv verengt. Von Spiel ist nicht die Rede. Man bildet „Aussagen, in denen die Verwendung eines Prädikators für ein Beispiel – für genau einen Gegenstand gelernt wird: (Peter) ε (Mensch) oder, wenn der Leerprädikator o bereits eingeübt ist: ιο ε (Stein). Der Gebrauch der in diesen Aussagen benutzten Kopula ε (. . .), der Seinskopula, ist mit dem Lernen des jeweiligen Prädikators einzuüben: wenn etwa der Lehrer einen Stein hochhält und dazu den letzten Satz sagt, und daraufhin der Schüler in Aufforderungen und Berichten ‚Stein' in gleicher Weise wie die übrigen Mitglieder der Rede und Handlungsgruppe gebraucht, dann kann man sagen, dass

---

[1] Ebd., 28

der Schüler die Seinskopula zu gebrauchen gelernt hat."[1] Das Sein wird derart auf eine logische Funktion reduziert, die nur den Sinn hat Prädikatoren miteinander zu verkoppeln. Einen eigenen Sinn, wie ihn Heidegger im abendländischen Denken ausgemacht hat, wird als metaphysisch zurückgewiesen. Ein anderes Bonmot machte die Runde: ‚ich denke, also bin ich' schreibt Descartes. Aber was bin ich denn? Sein ist doch nur eine Verknüpfung. Hat Descartes nicht verstanden, dass *sein* eine Kopula ist?

Lorenzen, Schwemmer unterscheiden zwei Sprachebenen: die Basissprache und die Orthosprache. Die Prädikatoren der Basissprache werden durch eine solche Situation – man denke an das Fagott – eingeführt und gelten daher als empragmatisch kontrolliert. Sie schreiben: „Am Anfang der methodischen Rekonstruktion eines Sprachaufbaus steht uns die empragmatisch kontrollierte Sprache zur Verfügung. Sind Teile selbst dieser Sprache in ihrem Gebrauch strittig, so ist eben auf die Gebrauchssituation, in denen diese Sprachteile mit nichtsprachlichen Handlungen verbunden werden, zurückzugehen."[2] Dadurch sollen die Prädikatoren der Basissprache methodisch zirkelfrei eingeführt werden und dadurch einen Zusammenhang zwischen Sprache und Nichtsprachlichem konstruktiv sicherstellen. Gleichzeitig erhalten sie dadurch eine eindeutige Bedeutung.

Aber es gibt natürlich eine Vielfalt nicht nur wissenschaftlicher Begriffe, die man auf empragmatisch kontrollierte Weise nicht einführen kann, Worte wie Gesellschaft, Wirtschaft oder Kapitalismus, Sie gehören zur Orthosprache und müssen auf basissprachliche Prädikatoren rückführbar sein. Diese Prädikatoren der Orthosprache nennt man epipragmatisch. Lorenzen, Schwemmer schreiben: „Als erste Unterscheidung sei die zwischen empragmatischer und epipragmatischer Rede vorge-

---

[1] Paul Lorenzen, Oswald Schwemmer, Konstruktive Logik, Ethik und Wissenschaftstheorie, Mannheim, Wien , Zürich 1975, 41
[2] Ebd., 29

schlagen. Zur empragmatischen Rede sollen solche Sprachhandlungen gehören, die mit einer nichtsprachlichen Handlung zusammen gelernt werden, und zwar derart, dass die nichtsprachliche Handlung als Zweck der Sprachhandlung gelernt wird."[1]

Die Sprachen der Wissenschaften enthalten natürlich primär Prädikatoren der Orthosprache, die freilich alle auf Prädikatoren der Basissprache zurückgeführt werden müssen. Wenn die Wissenschaften auf diese Weise ihre Begriffe einführen, dann gelangen sie zu eindeutigen Begriffen, die zugleich methodisch zirkelfrei eingeführt wurden. Sie sind rückgekoppelt an die Alltagssprache und an eine nichtsprachliche Welt, die nicht von diesen Sprachen bereits vorgeprägt ist.

Damit war das Fundament für methodisch zirkelfreie Wissenschaftssprachen gelegt. Was war nun zu tun? Die Prädikatoren, also die Terme oder Begriffe der Orthosprache wirklich einzuführen, damit die Wissenschaften darauf zurückgreifen können, um endlich zu einer Übereinstimmung von Sprache und Welt zu gelangen. So machte man sich in Erlangen an die Arbeit, ein Ortho-Lexikon zu schaffen – eine wunderbare Aufgabe für wissenschaftliche Assistentinnen und Hilfskräfte – bei den meisten handelte es sich freilich um Männer.

Doch um 1980 herum stellte man die Arbeit etwa bei Wort 400 ein. Was war geschehen? Nun, das Interesse der Einzelwissenschaften war gering. Warum sollten diese sich aus Erlangen vorschreiben lassen, wie ihre Sprache auszusehen hat! Der Erfolg hing primär vom individuellen Interesse des jeweiligen Wissenschaftlers ab. Wozu sollte man sich also weiter diese Mühe machen!

Vor allem stellten sich methodische Zweifel ein. Die deiktische Zeigehandlung, auf der das ganze Modell beruht, ist leider keineswegs so eindeutig, wie sie von den Erlangern behandelt wurde. Mit dem Finger auf etwas deuten, ist nur dann eindeu-

---

[1] Ebd., 22

tig, wenn man im Grunde schon weiß, worauf sich der Zeigefinger beziehen will. Wenn nicht, kann er vieles Verschiedenes referieren. Und das Wort sollte ja erst eingeführt werden, konnte somit auch nicht als schon bekannt unterstellt werden. De facto überspielt die deiktische Zeigehandlung die eigentliche Problematik. Schon der Ausgangspunkt der Einführung wissenschaftlicher Begriffe ist damit fragwürdig. Die Rückkopplung an eine nichtsprachliche Welt ist auf diese Weise jedenfalls nicht gewährleistet. Damit war das Modell bereits strukturell gescheitert.

Wie man zudem komplexe Begriffe auf die Basissprache zurückführen will, bleibt das Geheimist der Erlanger Schule. Das funktioniert höchstens durch drastische Reduktion, so dass von der Komplexität nichts mehr bleibt. Nun ja, komplexe Wissenschaften wie die des Geistes gehörten für die Erlanger Schule denn eigentlich auch nicht an die Universität, können sie ihre Terme doch nicht methodisch zirkelfrei einführen – man denke an die Hölderlin-Forschung.

Wenn man gewisse historische Texte wie diejenigen von Kant oder Max Weber schätzte, so mussten diese natürlich ins Konstruktivistische übertragen werden, weil in diesen Texten die Begriffe ja nicht methodisch zirkelfrei eingeführt waren, man sie daher eigentlich nicht verstehen kann. So war es denn bei den Erlanger Konstruktivisten eine Zeitlang um 1970 herum gang und gäbe, Doktoranden mit solchen Übersetzungen zu promovieren.

Mit der Aufgabe des Projekts Ortho-Lexikon endet jedenfalls das letzte Großprojekt, das sich an die neopositivistische Wissenschaftstheorie wie an die analytische Philosophie rückkoppelte und das Problem des Verhältnisses von Sprache und Welt lösen wollte. Seitdem hat man in diesen Kreisen solche Anliegen weitgehend aufgegeben. Man hoffte darauf, dass sich das Problem durch Seinsvergessenheit von selber löst.

7. DIE VOM BEOBACHTER ABHÄNGIGE BEOBACHTUNG

Parallel zu diesem Scheitern nahm einerseits der radikale Konstruktivismus Fahrt auf. Denn die in den vorangegangen Kapiteln erläuterten Einwände gegen eine von Menschen unabhängig vorliegende, aber von diesen richtig erkennbare Welt sind vom radikalen Konstruktivismus auch noch in anderer Form fortgeschrieben worden. Ihre Vertreter stammen ja auch nicht ausschließlich aus der Philosophie, in der sich Poststrukturalisten und Postmodernisten vornehmlich bewegen, sondern aus der Biologie, der Neurobiologie, aus der Physik und Kybernetik, aber auch der Kommunikationswissenschaft, der Psychologie wie der Pädagogik. Dementsprechend verdanken sich ihre Einwände zumeist einzelwissenschaftlichen Perspektiven, die gerade gegenüber der Argumentation der Erlanger Schule Gewicht haben.

So gibt es für den Biologen und Neurobiologen Maturana keine reine Beobachtung eines Sachverhalts, die unabhängig vom Beobachter selbst wäre. Er schreibt 1978, als die Erlanger Schule sich ihrer Krise näherte: „Dennoch sind wir uns selten der Tatsache bewusst, dass eine Beobachtung die Realisierung einer ganzen Reihe von Operationen ist, die notwendig einen Beobachter als ein System mit Eigenschaften voraussetzen, die es ihm gestatten, eben diese Operationen auszuführen, und dass folglich diese Eigenschaften des Beobachters den Bereich seiner möglichen Beobachtungen determinieren."[1]

---

[1] Humberto Maturana, Biologie der Sprache – die Epistemologie der Realität (1978); in: ders., Biologie der Realität, Frankfurt/M. 2000, 94

Für die Unterstellung einer unabhängig vorliegenden Realität wäre indes die bloße Beobachtung nötig, die nicht vom Beobachter seinerseits beeinflusst wird. Für Maturana aber gilt: „Zu den markanten Implikationen gehört nämlich, dass nichts unabhängig von den Unterscheidungen existiert, die ein Beobachter trifft. Das Beobachten *konstituiert* mit anderen Worten, was unterschieden wird."[1] Jede wissenschaftliche Erfahrungserkenntnis muss sich auf Beobachtung stützen, sonst wäre sie nicht, was sie vorgibt zu sein, nämlich reine Beobachtung vorliegender Sachverhalte und damit diesen adäquat. Aber sie kann doch nur Beobachtetes sein.

Von Foerster bemerkt in dieser Hinsicht: „Immer ist ein Beobachtetes, oder ein ‚Faktum' vom Moment der Beobachtung an interpretiert."[2] Daher ist eine beobachterunabhängige Beobachtung unmöglich, so dass jede Beobachtung vom Beobachter geprägt wird. Dann kann man auch nicht von einer beobachterunabhängigen Welt oder Wirklichkeit sprechen oder von adäquater Erkenntnis bzw. Erfahrung. Damit ist das, was ist, immer schon vom jeweiligen Seinsverständnis des Beobachters geprägt: das hat Heidegger mit der Frage nach dem Sinn von Sein indirekt bestätigt. So kann Maturana konstatieren: „Sieht man nämlich ein, dass die Wissenschaft prinzipiell überhaupt nichts beobachterunabhängig erklären kann, dann spielen Realitätsannahmen in ihr keine Rolle mehr; sie sind sogar vollkommen überflüssig!"[3] Dieses Problem muss Habermas als belanglos übergehen, ja erscheint ihm als gefährlich für eine funktionierende Demokratie. Heidegger wird dagegen der Wissenschaft attestieren: „Die Wissenschaft denkt nicht"[4], weil sie nicht nach dem Sinn von Sein fragt, also nicht nach dem, was es heißt, dass etwas ist, wenn die Wissenschaft eine

---

[1] Humberto Maturana, Was ist Erkennen? (1992), München, Zürich 1994, 46
[2] Heinz von Foerster, Entdecken oder Erfinden – Wie lässt sich Verstehen verstehen? (1992); in: Heinz Gumin, Heinrich Meier (Hrsg.), *Einführung in den Konstruktivismus*, 10. Aufl. München 2010, 70
[3] Humberto Maturana, Was ist Erkennen? (1992), München, Zürich 1994, 67
[4] Martin Heidegger, Was heißt Denken? (1951-52), 4. Aufl. Tübingen 1984, 4

Aussage darüber trifft. Heideggers Frage nach dem Sinn von Sein erweist sich dabei zunehmend als Frage nach dem möglichen Sinn einer von der Erkenntnis vermeintlich unabhängigen vorliegenden Natur, die indes nicht ist.

Beobachtung ist für Maturana denn auch kein bloß abstraktes wissenschaftliches Unternehmen, das sich den Bedingungen der Beobachtung entziehen könnte. Für sie gilt nach Maturana genauso: „Dabei steht ‚Beobachter' für jedes lebende System, somit jeden von uns, w*eil Leben und Beobachten gleichbedeutend sind.*"[1] Wissenschaft macht nichts anderes als das, was Menschen in der Alltagswelt betreiben. Dass sie dabei methodisch und intersubjektiv vorgeht, bewahrt sie nicht vor der Beobachtung des Beobachters. Von Foerster formuliert „das Postulat der Einbezogenheit: ‚Ein beobachtender Organismus ist selbst Teil, Teilhaber und Teilnehmer seiner Beobachtungswelt.'"[2]

So gilt für die Beobachtung selbst, auch wenn sie sich wissenschaftlich abzusichern versucht, was Maturana schreibt: „Ein Beobachter ist ein Mensch, ein lebendes System, das Beschreibungen anfertigen und bestimmen kann, was er als von ihm selbst verschiedene Einheit abgrenzt und für Manipulationen oder Beschreibungen in Interaktion mit anderen Beobachtern verwendet."[3] Natürlich sind Beobachtungen auch dem Widerspruch ausgesetzt. So müssen sie anerkannt werden. Aber dergleichen Intersubjektivität macht jegliche Beobachtung nicht adäquat zu einer unabhängig vorliegenden Welt, sondern um so abhängiger von vielen Beobachtungen. Das öffnet natürlich auch Möglichkeiten der Manipulation. Denn Gruppen von etablierten Wissenschaftlern können die wissenschaftlich anerkannten Beobachtungen so einschränken, dass nur ihre eigenen als wissenschaftlich gelten, abweichende aber als unwissenschaftlich. Was Wissenschaft ist, bestimmen die

---

[1] Humberto Maturana, Was ist Erkennen? (1992), München, Zürich 1994, 39
[2] von Foerster, Entdecken oder Erfinden (1992), 70
[3] Humberto Maturana, Biologie der Sprache, 98

führenden Wissenschaftler. Dadurch steigern sie ihren Einfluss und damit ihre Macht. Irgendwann lässt sich dann die Frage nach dem Beobachter schließlich galant übergehen. Die Beobachter sind ja schließlich die anerkannten ehrenwerten Wissenschaftler, denen man doch keine Subjektivität und kein Interesse unterstellen darf. Sonst gilt man als Verschwörungstheoretiker. Nur dass für die, die diesen Vorwurf erheben, just derselbe Vorwurf naheliegt!

Doch das Problem, dass die Beobachtung vom Beobachter abhängt, löst man dadurch allemal nicht, so dass Maturana konstatieren kann: „Man erklärt nämlich nicht *das* Universum oder *die* Realität, sondern lediglich die Kohärenzen der eigenen Erfahrung. Insofern führt die Wissenschaft empirische Kohärenzen stets auf empirische Kohärenzen zurück."[1] Und mit der Kohärenztheorie der Wahrheit wollte sich schon Russell nicht bescheiden.

Hermeneutisch formuliert gibt es immer nur verschiedene Interpretationen der Welt bzw. wissenschaftliche Beobachtungen sind selbst Interpretationen des Beobachteten unter Berücksichtigung der Bedingungen, die der Beobachter und seine Verfahren dazu einbringen. Oder wie es der Hermeneutiker Günther Abel formuliert: „Entscheidend ist zu begreifen, dass es sich bei den Verhältnissen in Gesellschaft und Staat um Interpretationsverhältnisse handelt, die irreduzibel sind und die nicht auf ‚Die Eine Richtige Interpretation' oder auf einen Set von allgemein verbindlichen materialen Interpretationen reduziert werden können."[2] Für Nietzsche ist der Wille zur Macht eine Interpretation, die darum weiß, dass sie Interpretation ist. „Gesetzt, dass auch dies nur Interpretation ist – und ihr werdet eifrig genug sein, dies einzuwenden? – nun, um so besser."[3]

Für von Glasersfeld stützen sich naturwissenschaftliche Beobachtungen darauf, dass ihre Bedingungen eingeschränkt

---

[1] Humberto Maturana, Was ist Erkennen? (1992), München, Zürich 1994, 69
[2] Günter Abel, Sprache, Zeichen, Interpretation, Frankfurt/M. 1999, 375
[3] Friedrich Nietzsche, Jenseits von Gut und Böse (1886), KSA Bd.5, 37

werden. Natürlich operiert man dabei induktiv. Doch dadurch gelangt man so wenig zum Ding an sich wie Vorhersagen den Status von realen Ereignissen haben; denn das was zukünftig passiert, ist kein Gegenstand der Erfahrung, geschweige denn präsentiert das eine unabhängige reale Welt jenseits aller Beobachtung: das noch viel weniger; und das Eintreten von Voraussagen auch nicht, bleibt alles Interpretation. Das macht gerade die bedrohlichen Voraussagen in der Klimadebatte zu bloßen Konstrukten und ihre Bedrohlichkeit lächerlich. Die Zukunft bleibt notorisch zukünftig. Sie tritt nie ein. Daher kann man die Zukunft nicht voraussagen. Wie formuliert es Hegel: „die Eule der Minerva beginnt erst mit der einbrechenden Dämmerung ihren Flug."[1] Das hören Machiavellisten nicht gerne, wollen sie mit wüsten Drohungen die Menschen erschrecken, um sie lenken zu können.

Die einschränkenden Bedingungen sind daher gar nicht in der Lage, den Beobachtungen Adäquatheit zu verleihen. „Sie werden lediglich festgelegt," so von Glasersfeld, „um zu garantieren, dass alles, was ein Naturwissenschaftler tut, auf solche Weise beschrieben wird, dass ein anderer Naturwissenschaftler es wiederholen kann. Gelingt dies, dann bekräftigt es offensichtlich die Beobachtungen des ersten Naturwissenschaftlers. Aber keine solche Bekräftigung kann demonstrieren, dass das Beobachtete zu einer beobachterunabhängigen Realität gehört. Es zeigt lediglich, dass dann, wenn man in eine bestimmte Richtung schaut, bestimmte Dinge tut und das, was man sieht, in einer bestimmten Sprache formuliert, eine gewisse Übereinstimmung mit anderen erreicht werden kann."[2]

Die vielfach beschworene Übereinstimmung der Experten bestätigt wissenschaftliches Wissen nur intern, mehr nicht,

---

[1] G.W.F. Hegel, Grundlinien der Philosophie des Rechts (1820), Theorie Werkausgabe Bd. 7, Frankfurt/M. 1970, 27
[2] Ernst von Glasersfeld, Die Logik der naturwissenschaftlichen Fehlbarkeit (1987); in: ders., Wege des Wissens – Konstruktivistische Erkundungen durch unser Denken, 2. Aufl. Heidelberg 2013, 66

keinesfalls extern, also nur innerhalb des Systems, nicht zwischen System und Umwelt. Das Problem der Abhängigkeit der Beobachtung vom Beobachter wird damit nicht gelöst, höchstens umgangen. Denn die Mehrheit der Experten ist kein besseres Argument für die Wahrheit und schon gar nicht zwanglos, will sie vielmehr erzwingen, dass die Leute ihnen glauben, eben der Mehrheit. Wie beschreibt das Luhmann: „Es gibt keine bewusste Verknüpfung eines Bewusstseins mit einem anderen Bewusstsein. Es gibt keine Einheit der Operationen mehrerer Bewusstseinssysteme, und was immer als ‚Konsens‘ erscheint, ist Konstrukt eines Beobachters, also *seine* Leistung."[1] So reicht fast schon dieses Beobachter-Argument aus, um jegliche adäquate Erkenntnis zu destruieren – um an ein Wort Heideggers anzuschließen – d.h. abzubauen – oder mit Derrida, sie zu dekonstruieren.

---

[1] Niklas Luhmann, Wie ist Bewusstsein an Kommunikation beteiligt? (1995); in: ders., Aufsätze und Reden, Stuttgart 2001, 112

8. LYOTARD: POSTMODERNE ALS *WIDERSTREIT* DER SPRACHSPIELE

Beinahe parallel zum Scheitern des Ortho-Lexikons der Erlanger Schule erschien 1979 Lyotards *Das postmoderne Wissen*, das aus der Philosophie nicht nur eine postmoderne macht, sondern vor allem auf neuen Wegen begründet, warum wissenschaftliche Wahrheit nicht eine von ihrer Erkenntnis unabhängige Welt darstellt. Dadurch erschütterte Lyotard ähnlich wie knapp 20 Jahre zuvor Thomas S. Kuhn die Hoffnung auf den wissenschaftlichen Fortschritt, der durch immer perfektere Einsicht in eine äußere vorliegende unabhängige Natur diese immer besser beherrschen kann. Um 1960 konnte man Zweifel am Fortschrittsverständnis und der Erkennbarkeit der Welt gegenüber dem fortschrittgläubigen Kommunismus gebrauchen. Doch um 1980 erschien der Kommunismus nicht mehr so gefährlich und andererseits brauchte man jetzt zur Verteidigung des Westens einen objektiven Szientismus. Daher wird eine solche Hoffnung auch heute weiterhin geschürt und mit apokalyptischen Drohungen unterlegt, sollte man sich darauf nicht einlassen.

Warum sind solche Drohungen im Stile der von Machiavelli dem Fürsten empfohlene Herrschaftstechnik nötig? Weil Lyotard, der radikale Konstruktivismus und der Poststrukturalismus diese Fortschrittshoffnungen als Illusion entlarvten. Daher werden diese Denkrichtungen bis heute auch intensiv diskriminiert – von Habermas bis Sloterdijk, die sich in dieser Hinsicht merkwürdig einig sind, was für Habermas peinlich ist, während Sloterdijk sich dadurch geschmeichelt fühlen darf: jemand, der glaubt zu wissen, wie die Menschen zu leben haben – eine alte Psychose von Philosophen, die sich nicht ernst genug genommen fühlen, obwohl sie es viel besser wissen. Für Sloterdijk „wird die Derridasche Verknüpfung der Begriffe Dekonstruktion und Gerechtigkeit wahrscheinlich binnen weniger Jahrzehnte zerfallen und außerhalb einer spezialisierten Nische nicht mehr plausibel sein. (. . .) Er neigte zu dem charmanten Trugschluss, seine akademischen Erfolge seien Erfolge in der Welt oder für die Welt."[1] Für einen autoritären an Arnold Gehlen orientierten Philosophen, der dessen Züchtungsphantasien fortschreibt, geht das, was Derrida denkt natürlich gar nicht. Um so eifersüchtiger erscheint diese Bemerkung.

Jedenfalls ist es für Wissenschaftler wie für Schriftsteller à la Sloterdijk sehr unerfreulich, wenn sie noch vor Lyotards Grundlegung einer linken politischen Philosophie bereits im programmatischen Text *La condition postmoderne* lesen dürfen: „Der Staat und /oder das Unternehmen geben die Erzählung der idealistischen oder humanistischen Legitimierung auf, um den neuen Einsatz zu rechtfertigen: Im Diskurs der stillen Teilhaber von heute ist der einzig kreditwürdige Einsatz die Macht. Man kauft keine Gelehrten, Techniker und Apparate, um die Wahrheit zu erfahren, sondern um die Macht zu erweitern."[2] Das lesen vor allem Wissenschaftler nicht gerne. Denn damit werden sie zu Bütteln der Macht degradiert. Dabei wollen sie Experten sein, die einerseits unabhängig vom Staat sind, natürlich auch von der Wirtschaft. Andererseits wollen sie mit ihren Expertisen die Menschen auf Grund ihres Wissens wie Sloterdijk lenken. Die Medizin ist dafür eines der besten Beispiele, wo Wissen und Macht im Dienst gouvernementaler Biopolitik der staatlichen Verwaltungen stehen und die Ökonomie eine zentrale Rolle spielt, um den Reichtum der Anleger

---

[1] Peter Sloterdijk, Was geschah im 20. Jahrhundert? Unterwegs zu einer Kritik der extremistischen Vernunft, Berlin 2016, 174
[2] Jean-François Lyotard, Das postmoderne Wissen (La condition postmoderne, 1979), 3. Aufl. Wien 1994, 135

in der Medizinindustrie genauso zu mehren wie den der Mediziner, besonders der Professoren.

Vor allem aber stellt Lyotard im Stile des radikalen Konstruktivismus 1979 fest: „Es ist nicht so, dass ich etwas beweisen kann, weil die Realität so ist, wie ich es sage, sondern solange ich beweisen kann, ist es erlaubt, zu denken, dass die Realität so ist, wie ich es sage."[1] Auf eine angeblich vorliegende Realität stützen sich die zeitgenössischen Expertokratien – Sloterdijk glaubt an die Klima-Experten. Ihre Macht verdankt sich der Behauptung, dass die Experten mit ihrem wahren Wissen der Bevölkerung überlegen sind. Daher muss letztere den Experten vertrauen und deren Vorgaben erfüllen. Nicht anders operieren die klerikalen Eliten. Wer den Experten nicht folgt, ist wie zu Zeiten klerikaler Vorherrschaft unmoralisch, schädigt in welcher Form auch immer die Gemeinschaft wie vordem die Ekklesia, die Gemeinde der Gläubigen. Vor diesem Hintergrund erweisen sich auch sozialistische Vorstellungen von Solidarität als äußerst problematisch, nicht nur in der Sowjetunion – dort evidenter Weise –, sondern auch im einst lange Jahrzehnte sozialdemokratischem Schweden mit seiner sozialen Bilderbuch-Demokratie, die auch nur auf gewissen epistemologischen Konstrukten beruhte.

Die modernen Naturwissenschaften stützen sich für Lyotard dabei auf gewisse große Erzählungen: die vom handelnden Subjekt, diejenige vom erkennenden Subjekt, die vom sich emanzipierenden Subjekt. Diese Subjekte haben jedoch haltlose Voraussetzungen. Handeln, besonders politisches Handeln ist eine große Illusion, die Geschichte vom Helden, die ein Ernst Jünger auf den kleinen Stoßtruppführer übertragen hat, um dem Opfer des Soldaten einen Sinn zu verleihen. Gerade die wissenschaftliche Erkenntnis beruht programmatisch auf ihren Methoden und bekommt genau das als Wahrheit geliefert, was diese Methoden vorgeben. Die Wahrheit der modernen Wissenschaften misst sich am Erfolg, nach Lyotard damit

---

[1] Ebd., 78

an deren Wirksamkeit bzw. Performanz. Das hat Paul Feyerabend bereits 1975 den Wissenschaften ins Stammbuch geschrieben: „Es liegt aber auch auf der Hand, dass dieser Schein des Erfolgs nicht im geringsten als Zeichen der Wahrheit und der Übereinstimmung mit der Natur gelten kann. Ganz im Gegenteil, es erhebt sich der Verdacht, dass das Fehlen wesentlicher Schwierigkeiten auf die Verringerung des empirischen Gehalts durch Ausschaltung von Alternativen und mit ihrer Hilfe zugänglicher Tatsachen zurückzuführen ist, darauf, dass die Theorie bei der Entwicklung über ihren Ausgangspunkt hinaus in eine starre Ideologie verwandelt worden ist."[1] Knapp 50 Jahre nach dem Erscheinen von *Das postmoderne Wissen* sind die Wissenschaften als Expertokratien um so mehr zu einer szientistischen Ideologie verkommen, mit der diese zusammen mit Politikern und Managern die Bevölkerung lenken. Demokratie und Ökologie werden zur höchsten Moral erhoben, die man schon den Schulkindern beibringt – wie die katholische Einübung in den Glauben.

Man darf bezweifeln, ob Lyotards Einsicht heute noch irgendeine Anerkennung findet, wenn er schreibt: „Die große Erzählung hat ihre Glaubwürdigkeit verloren, welche Weise der Vereinheitlichung ihr auch immer zugeordnet wird: Spekulative Erzählung oder Erzählung der Emanzipation."[2] 1979 vor dem Hintergrund des Scheiterns der Bemühungen der Wissenschaftstheorie wie der analytischen Philosophie, die Übereinstimmung von Sprache und Welt herzustellen, war damals Lyotards These mehr als plausibel und hat diese szientistischen Ideologien zu einem großen Furor verleitet, blieb doch nichts anderes, als dieses Scheitern zu verdrängen oder zu verheimlichen. Dazu war es nötig, Kritiker auszuschließen, wie es Foucault konstatierte, sie zu diskriminieren, zu Wegbereitern von Faschisten zu erklären, die vom CIA bezahlt werden oder

---

[1] Paul Feyerabend, Wider den Methodenzwang – Skizze einer anarchistischen Erkenntnistheorie (1975), Frankfurt/M. 1976, 64
[2] Jean-François Lyotard, Das postmoderne Wissen (1979), 112

wie während des Corona-Regimes Foucault, neben Ivan Illich der schärfste Kritiker der Medizin, den sexuellen Missbrauch Jugendlicher zu unterstellten: Kein Argument kann den staatstragenden Massenmedien Politikern hässlich genug sein: der billige ideologische Machiavellismus, wenn die Zwecke nach Leo Strauss die Mittel heiligen, was allemal für Leo Strauss gilt, der das Gute kennt und das dann alle Zwecke heiligt. Denn in diesem Fall sind die Mittel natürlich legitim, um die Welt vor dem Untergang zu bewahren – wenn kein anderes Argument mehr hilft. Wie schreibt Strauss 1953 während der McCarthy-Ära und dem Korea-Krieg: „Eine wohlgesittete Gemeinschaft wird nicht in den Krieg ziehen, es sei denn, es handele sich um eine gerechte Sache. Was sie aber während eines Krieges tun wird, das hängt bis zu einem gewissen Grad von dem ab, was ihr der Feind – möglicherweise ein absolut gewissenloser und barbarischer Feind – zu tun aufzwingt. Es gibt keine im voraus definierbaren Beschränkungen, es gibt keine bestimmbaren Grenzen für das, was zur gerechten Repressalie werden kann."[1] Der gute Zweck heiligt das böse Mittel. Weil konservative und traditionalistische Denker regelmäßig um das Gute wissen, sind sie Machiavellisten.

Heute gilt um so mehr, dass der Szientismus wesentlicher Teil des sozialen Bandes ist, wenn nicht sein dominanter. Das hat Lyotard in diesem Sinn noch nicht formuliert. Aber er lässt sich in dieser Richtung deuten, wenn er schreibt: „Die Frage des sozialen Zusammenhangs ist als Frage ein Sprachspiel, dasjenige der Frage, das unmittelbar demjenigen, der sie stellt, demjenigen, an den sie sich richtet und dem zur Frage gestellten Referenten eine Position zuteilt. Diese Frage ist also schon der soziale Zusammenhang."[2] Wenn Habermas fordert, dass zum sozialen Zusammenhalt eine allgemein anerkannte Ontologie gehört, also ein gemeinsames Weltverständnis, dann handelt es sich um ein solches Sprachspiel, bzw. um mehrere

---

[1] Leo Strauss, Naturrecht und Geschichte (1953), Frankfurt/M. 1977, 165
[2] Jean-François Lyotard, Das postmoderne Wissen (1979), 57

Sprachspiele, das der Wissenschaften, der Ökonomie wie der Demokratie. Alle drei und nicht nur diese stützen sich auf große Erzählungen, die sie legitimieren. So schreibt Lyotard: „Das, was mit den Erzählungen überliefert wird, ist die Gruppe pragmatischer Regeln, die das soziale Band ausmachen."[1] Die Bürgerin muss bestimmte Prinzipien anerkennen, darf sie nicht mehr hinterfragen. Mündigkeit in der Demokratie sollte eine solche Hinterfragung eigentlich legitimieren. Aber die große Erzählung vom Individuum und der freien Meinungsäußerung ist längst an ihre vor allem medialen Grenzen gekommen, die durch den Staat, die Wissenschaften und für Lyotard primär durch die Ökonomie gezeichnet werden. Jetzt, da die Bürgerin medial wahrnehmbar ihre Meinung äußern könnte, darf sie es nicht mehr.

Jedenfalls legitimieren sich die Wissenschaften für Lyotard nicht dadurch, dass sie Wahrheiten über eine erkennbare, aber vom Menschen unabhängige Natur produzieren, sondern dadurch dass mit ihrer Hilfe technische Erfolge gefeiert werden können. Die Wissenschaften tun etwas, wenn sie Wissen produzieren, durch das man die Welt beherrschen kann. Das ist die performative Seite der wissenschaftlichen Wahrheit, die den wissenschaftlichen Betrieb am Laufen hält und dadurch alleine schon legitimiert. Würden das die modernen Wissenschaften erkennen, dann müssten sie auch ein anderes, nämlich ein postmodernes Verständnis des wissenschaftlichen Wissens entwickeln. Denn die postmoderne Wissenschaft, so Lyotard, „legt ein Legitimitätsmodell nahe, das keineswegs das der besten Performanz ist, sondern der als Paralogie verstandenen Differenz."[2] Lyotard zielt dabei primär auf den Prozess der Informatisierung, der in jenen Jahren langsam Fahrt aufnimmt. Dass dieser Prozess keiner Logik folgt und auch keinen kontinuierlichen Fortschritt darstellt, das hat sich bis heute bestätigt. Erstens wird die technische Entwicklung im allgemeinen von

---

[1] Jean-François Lyotard, Das postmoderne Wissen (1979), 72
[2] Ebd.,173

vielen Faktoren angetrieben, jedenfalls von keiner inneren Logik ihrer selbst, sondern beispielsweise auch von ökonomischen, sozialen, politischen Zwecken. Zweitens beruht die momentan aktuelle Künstliche Intelligenz auf internen Prozessen in den sogenannten künstlichen neuronalen Netzwerken, die die Ingenieurinnen nicht im Detail beschreiben können, die nicht wissen, was in diesen vorgeht. So entwickelt sich die postmoderne Welt paralogisch, nämlich an der Performanz orientiert, die die Ingenieure gestalten. Aber das gilt auch für die moderne Welt, die nun mal postmodern geworden ist. Das hören die Modernen bis heute gar nicht gerne und es ist ihnen weitgehend gelungen ihren eigenen postmodernen Charakter zu verschleiern.

So sind auch die großen Erzählungen nicht verschwunden, nur jene, die mal die Moderne antrieben. An ihre Stelle ist vornehmlich der aktuelle Klimadiskurs getreten. Auch der Gesundheitsdiskurs entfaltet eine große Erzählung wie die Globalisierung und gerade die Künstliche Intelligenz, aus der nicht bloß der Welthistoriker Yuval Noah Harari eine apokalyptische Erzählung macht. Lyotard setzt der großen die kleine Erzählung entgegen: „Man hat aber soeben gesehen, dass die ‚kleine Erzählung' die Form par excellence der imaginativen Erfindung bleibt, vor allem in der Wissenschaft."[1] Dazu hat deren Orientierung an der Empirie beigetragen, was zu einer Aufsplitterung führt, die freilich von den Wissenschaften so bekämpft wie verdrängt wird, eben mit den angeführten neuen großen Erzählungen, die von den Medien und ihrem Publikum begierig rezipiert werden und auch in der Politik eine zunehmend wichtige Rolle spielen, um das soziale Band zu restabilieren. Wie man die Demokratie nur machiavellistisch durch ihre Feinde legitimiert, so stellt man apokalyptisch soziale Einheit durch angeblich große Risiken her, eben die Klimakatastrophe, den Krankheits- wie den Kriegsdiskurs – nur um auf die drei aktuellsten hinzuweisen. Von Rechts wird ein Migrationsdis-

---

[1] Ebd., 175

kurs erzeugt, dem man auch innerhalb des demokratischen Mainstreams zunehmend entgegenkommt. Dabei kann man zwischen Rechten und Konservativen kaum noch unterscheiden.

Lyotard dagegen entfaltet in seiner politischen Philosophie *Der Widerstreit* ein Verständnis von Politik, das auf dem Dissens beruht, nicht auf dem Konsens und schon gleich gar nicht auf dem Krisendiskurs. Er schließt dabei an Wittgensteins Sprachspielkonzeption an. Statt von Sprachspielen schreibt Lyotard von Diskursarten, die miteinander inkommensurabel sind. Gerade dabei folgt Lyotard Wittgensteins Analyse der Bedeutung von Sprache, die sich nicht vereinheitlichen lässt. Daraus folgert Lyotard, dass Diskursarten verschiedene Sprachspiele darstellen, die anders als bei Wittgenstein jeweils eigenen Regeln gehorchen, so dass Diskursarten nicht ineinander übersetzbar sind.

Wie bei Wittgenstein gibt es für Lyotard denn auch keine Metasprache, die Übersetzungen zwischen den Diskursarten ermöglichen könnte. Alle Diskursarten sind sprachlich betrachtet gleichwertig und können keine Hegemonie verwirklichen. Mag die Diskursart der Ökonomie auch bedeutender als jene des Fussballs erscheinen. Doch ein solcher Schein trügt: die Sprache des Fussballs ist sprachlich betrachtet genauso wichtig wie die religiöse. Lyotard schreibt: „Die Vorstellung, dass eine höchste Diskursart, die alle Einsätze umfasst, eine höchste Antwort auf die Schlüsselfragen der verschiedenen Diskursarten liefern könnte, scheitern an der Russellschen Aporie. Entweder ist diese Diskursart Teil aller Diskursarten, ihr Spieleinsatz ein Einsatz unter den anderen und ihre Antwort also nicht die höchste. Oder sie gehört nicht zur Gesamtheit der Diskursarten und umfasst folglich nicht alle Spieleinsätze, da sie ihren eigenen ausnimmt. Der spekulative Diskurs erhob diesen Anspruch (. . .). Das Prinzip eines absoluten Sieges einer Diskursart über die anderen ist sinnleer."[1] Nur nicht wenn sie sich auf die Geheimpolizei stützt! Oder wenn man die Schulen, Universitäten und vor allem die Ämter beherrscht! Nach Hans Joas erhebt die Religion berechtigte hegemoniale Ansprüche: „Ihr Verhältnis zur Kultur insgesamt ist nicht das einer Kultursphäre zur anderen. Gläubige und ihre sozialen Organisationen erheben Ansprüche auf die Gestaltung aller Kultursphären und Funktionssysteme, wenn sie ihren Glauben ernst nehmen."[2]

Ein geordneter Konsens zwischen verschiedenen Sprachspielen ergibt sich höchstens durch Zufall, also gerade nicht durch Ordnung bzw. bestimmte Methoden. Die Politik hat zur Vermittlung von Konflikten den juristischen Diskurs entwickelt, der freilich diese Probleme auch nicht lösen kann. Doch dass dabei der Kapitalismus beiherspielt, ist nicht mal so entscheidend. Lyotard schreibt: „Der Widerstreit zwischen Satz-Regelsystemen oder Diskursarten wird vom Gerichtshof des Kapitalismus für unerheblich erachtet. Der ökonomische Diskurs beseitigt mit seinem notwendigen Verkettungsmodus von einem Satz zum anderen (...) das Vorkommnis, das Ereignis, das Wunder, die Erwartung einer Gemeinschaft von Gefühlen. Man könnte ‚endlos so weiter machen', die Inkommensurabilität der Spieleinsätze und die Leere, die sie zwischen den Sätzen aufreißt, in Erwägung zu ziehen. Die Zeit ist mit dem Kapital in vollem Gang. Aber der Urteilsspruch, der immer zugunsten der gewonnen Zeit gefällt wird, kann, wenn er einen Schlussstrich unter die Rechtsstreitfälle zieht, gerade damit den Widerstreit aufs Äußerste verschärfen."[3] Zwei verschiedene Diskursarten, die miteinander nicht kompatibel sind, werden vor Gericht in eine dritte, nämlich die juristische Sprache übersetzt, die beiden genauso wenig angemessen ist, da man perfekte

---

[1] Jean-François Lyotard, Der Widerstreit (Le Différend, 1983), München 1987, 230

[2] Hans Joas, Die Macht des Heiligen – Eine Alternative zur Geschichte von der Entzauberung, Berlin 2017, 416

[3] Jean-François Lyotard, Der Widerstreit (1983), 293

Übersetzungen nicht herstellen kann, jede Diskursart eigenen Regeln folgt. Daher löst der juristische Diskurs diese Konflikte gerade nicht, höchstens wenn den gegnerischen Parteien nichts besseres mehr einfällt, als sich mit dem Urteil zufrieden zu geben. Ansonsten verschärft sich durch das juristische Urteil der Widerstreit noch, was einerseits der Staat gerade verhindern will, der Kapitalismus andererseits dergleichen zu überspielen versucht.

Für Lyotard stellt dabei die Politik keinen eigenen Diskurs dar, sondern ist der Ort des Widerstreits, an dem die verschiedenen Diskursarten miteinander ihre unüberbrückbaren Konflikte austragen. So schreibt Lyotard: „Die Politik ist die Drohung des Widerstreits. Sie ist keine Diskursart, sondern deren Vielfalt, die Mannigfaltigkeit der Zwecke und insbesondere die Frage nach der Verkettung. (. . .) Sie ist, wenn man so will, der Zustand der Sprache, aber es gibt nicht eine Sprache. Und die Politik besteht darin, dass die Sprache nicht eine Sprache ist, sondern Sätze (. . .)."[1] Was ist die Realität der Sprache, wenn es so etwas überhaupt gibt? De Saussures *Parole* oder seine *Langue*? Besteht sie nicht aus einzelnen Äußerungen, bestenfalls aus vielen Strömen, die nebeneinander bestehen?

Habermas sieht das freilich anders, wenn er 1985 wider die postmoderne Philosophie schreibt: „Es gibt keine reine Vernunft, die erst nachträglich sprachliche Kleider anlegte. Sie ist eine von Haus aus in Zusammenhängen kommunikativen Handelns wie in Strukturen der Lebenswelt inkarnierte Vernunft."[2] Wo ist die Vernunft inkarniert? In jedem einzelnen Satz? Gibt es vernunftlose Sätze? Beinhaltet ein militärischer Befehl Vernunft? Oder ist die Vernunft nur in der Langue präsent? Aber was ist die Langue? Alle Sätze, die je gesprochen wurden? Auch alle zukünftigen? Und was ist, wenn es doch wenig ver-

---

[1] Jean-François Lyotard, Der Widerstreit (1983), 230
[2] Jürgen Habermas, Der philosophische Diskurs der Moderne, Frankfurt/M. 1985, 374

nünftige geben sollte? Angesichts solcher Fragen erscheint der Ansatz von Habermas doch ziemlich idealistisch.

Denn wo wäre die Vernunft in der folgenden Versuchsanordnung Lyotards beheimatet: „Es geschieht ein Satz. Wie wird sein Schicksal sein, welchem Zweck wird er untergeordnet werden, in welcher Diskursart wird er Platz finden? Kein Satz ist der erste. Das bedeutet nicht nur, dass andere ihm vorausgehen, sondern auch, dass sich Verkettungsmodi, die in den vorhergehenden Sätzen impliziert und folglich möglich sind, anschicken, diesen Satz zu vereinnahmen und ihn in die Verfolgung eines Spieleinsatzes einzuschreiben, sich mittels seiner zu aktualisieren. In diesem Sinne wird ein Satz, der geschieht, innerhalb eines Konflikts zwischen Diskursarten ins Spiel gebracht."[1] Findet sich die Vernunft in den besagten Zwecken? In allen oder nur einigen Diskursarten? Wie gelangt die Vernunft in die Diskursart, wenn kein Satz der erste sein kann?

Die Vereinheitlichung der Sprache, die sowohl die Politik wie die Wissenschaften anstreben, scheitert just an dieser Inkommensurabilität der Diskursarten bzw. daran, dass Sprache höchstens in Form von Wittgensteins Sprachspielen beschrieben werden kann und alle Bemühungen scheitern müssen, sie zu vereinheitlichen. Daher darf man Lyotard wohl als den wichtigsten Interpreten Wittgensteins bezeichnen, als einen der wenigen, der dessen Sprachspielkonzeption ernst nimmt und fortschreibt. Das liest man in der analytischen Philosophie natürlich nicht gerne, die doch eher zu Habermas' Konsensphilosophie neigt und der es um soziale Einheit geht – die naive Illusion der Demokraten, die heute zur demokratischen Ideologie avanciert, die freilich immer noch sympathischer ist als diejenigen ihrer politischen Feinde, die nur nicht so demokratisch ist, wie sie vorgibt.

Lyotard entwickelt auch eine Theorie, nach der die Inkommensurabilität der Diskursarten verhindert, dass sich Diskurs-

---

[1] Jean-François Lyotard, Der Widerstreit (1983), 227

arten hegemonial durchsetzen. So ist für Lyotard der gefährlichste Diskurs die Ökonomie, genauer der Kapitalismus, der sich überall einnistet und andere Diskurse zwingt, ökonomische Orientierungen zu übernehmen – man denke an die Ökonomisierung von staatlich organisierten Leistungen. Doch nach Lyotard wird das an der Sprache scheitern. Er schreibt hoffnungsfroh: „Das einzige unüberwindliche Hindernis, auf das die Hegemonie des ökonomischen Diskurses stößt, liegt in der Heterogenität der Satz-Regelsysteme und Diskursarten, liegt darin, dass es nicht ‚die Sprache' und nicht ‚das Sein' gibt, sondern Vorkommnisse. Das Hindernis besteht nicht im ‚Willen' der Menschen im einen oder anderen Sinne, sondern im Widerstreit."[1]

Ob man sich darauf wirklich verlassen soll, erscheint doch eher fraglich. Vor allem ist es nicht nur der ökonomische Diskurs, der sich hegemonial durchzusetzen versucht, sondern der staatliche, wenn Staaten in immer stärkerem Maße versuchen, alle Bereiche des Sozialen unter ihre Kontrolle zu bringen. Und das gilt natürlich nicht nur für China oder den Iran. Aber beide erweisen sich dabei als sehr erfolgreich. Nur beruht das nicht auf der Einsicht in eine wahre Wirklichkeit, in das vorliegende Seiende, das Wissenschaften adäquat erfassen, sondern auf der Gewalt der Gewehrläufe, die nach Mao Zedong die Macht konstituieren.

Nur benehmen sich Demokratien auch nicht anders, können sich nicht anders benehmen, weil sich Konsens nicht aus der Vernünftigkeit der Sprache ergibt, sondern sich höchstens der Kontingenz verdankt, mit der sich Demokratien nicht zufrieden geben wollen, was auch etwas mit der Dynamik des Wahlverhaltens zu tun hat. Die Faszination der Weisheit großer Führer wirkt immer noch nach und zwar in allen politischen Lagern, genauso bei Intellektuellen wie Max Weber, Ernesto Che Guevara oder Hans Jonas.

---

[1] Jean-François Lyotard, Der Widerstreit (1983), 299

9. DIE ABHÄNGIGKEIT DER WAHRNEHMUNG VON KÖRPERLICHKEIT UND VERNUNFT

Dass das, was man als Wirklichkeit, Welt oder Natur versteht, nicht unabhängig von menschlicher Erkenntnis, aber durch diese konstruierbar vorliegt, das führt parallel zu Lyotard der radikale Konstruktivismus noch in einer weiteren Perspektive vor. Die Grundlage von Erfahrung und Beobachtung ist die Wahrnehmung. Ohne deren Daten gibt es keine Erfahrung. Anders als durch die Wahrnehmung erfährt der Mensch die Welt nicht und durch die Wahrnehmung ist auch die wissenschaftliche Erkenntnis prädisponiert.

Freilich sind diese Daten sehr elementar und müssen eingeordnet, in Zusammenhänge gebracht und verstanden werden. Also, die bloße Beobachtung ist nicht etwa konkret, weil sie den Wahrnehmenden unmittelbar angeht, sondern arm und abstrakt, wie es Hegel 1807 am Anfang der *Phänomenologie des Geistes* demonstriert: die Daten der sinnlichen Wahrnehmung sind rudimentär, eben abstrakt, und müssen gedanklich erst verarbeitet und damit konkretisiert werden, d.h. in ihre Zusammenhänge gebracht werden. 1807, in *Wer denkt abstrakt?* der *Jenaer Schriften*, betrachtet man nach Hegel einen Menschen abstrakt, wenn man ihn nur nach seiner äußeren Erscheinung beurteilt, und gerade nicht konkret, wie man vorschnell meinen könnte.

Ähnlich wie Hegel formuliert das von Glasersfeld: „Unsere Sinnesorgane ‚melden' uns stets nur mehr oder weniger hartes Anstoßen an ein Hindernis, vermitteln uns aber niemals Merkmale oder Eigenschaften dessen, woran sie stoßen. Diese Eigenschaften stammen ganz und gar aus der Art und Weise, wie wir die Sinnessignale interpretieren."[1] Man muss nachschauen, wogegen man stieß, auch um das Ausmaß der Wirkungen beurteilen zu können. Der bloße Schmerz sagt nur wenig. Auch ihn muss man genauer einschätzen, um Zusammenhänge und Reichweiten beurteilen zu können. Trotzdem bleibt die Wahrnehmung immer etwas anderes als das Ding an sich. Oder wie es von Glaserfeld formuliert: „(. . .) niemand wird je imstande sein, die Wahrnehmung eines Gegenstandes mit dem postulierten Gegenstand selbst, der die Wahrnehmung verursacht haben soll, zu vergleichen."[2] Denn das wäre entweder nur Wahrgenommenes oder es handelte sich um eine gedankliche Operation, die das Ding an sich konstruiert, aber damit nie das Ding an sich selbst erfasst. Daran reicht man auch nicht, wenn man es nach Hegel, aus vielen Perspektiven betrachtet, um es konkret zu erfassen. Eher ähnelt das Nietzsches Verständnis, wenn dieser schreibt: „Es gibt *nur* ein perspektivisches Sehen, *nur* ein perspektivisches ‚Erkennen'; Und *je mehr* Affekte wir über eine Sache zu Worte kommen lassen, *je mehr* Augen, verschiedene Augen wir uns für dieselbe Sache einzusetzen wissen, um so vollständiger wird unser ‚Begriff' dieser Sache, unsre ‚Objektivität' sein."[3]

Nicht nur dass man dazu einiges wissen muss, wie schon Hegel feststellt und es Nietzsche auch auf die Affekte ausdehnt, also wie der radikale Konstruktivismus der Körperlichkeit nahekommt. Denn Wahrnehmung ist kein isolierter Prozess, sondern ist in die Aktivitäten des Wahrnehmenden eingebunden und wird aus diesen heraus interpretiert. So geht Varela 1992 davon aus, „(. . .), dass die Wahrnehmung, die man gemeinhin für eine innere Repräsentation einer vom Wahrneh-

---

[1] Ernst von Glasersfeld, Konstruktion der Wirklichkeit des Begriffs der Objektivität (1992); in: Heinz Gumin, Heinrich Meier (Hrsg.), Einführung in den Konstruktivismus, 10. Aufl. München 2010, 21
[2] Ebd., 12
[3] Friedrich Nietzsche, Zur Genealogie der Moral (1887), KSA Bd. 5, 365

menden unabhängigen Welt von Merkmalen hält, in Wirklichkeit massiv von der körperlichen Aktivität des Wahrnehmenden abhängt."[1] Wahrnehmung ist somit kein isolierter Prozess von Sinneswahrnehmungen, die man als solche zunächst erkennt, um dann daran anschließend erst diverse Zusammenhänge zu folgern. Das sieht noch bei Kant und Hegel so aus, wird dann aber überschritten bei Nietzsche, fragt dieser doch an der obigen Stelle weiter: „Den Willen aber überhaupt eliminieren, die Affekte samt und sonders aushängen, gesetzt, dass wir dies vermöchten: wie? hieße das nicht den Intellekt *kastrieren*?"

So weist Varela darauf hin, dass der Mensch weniger primär von den Verstandeskräften in dem Sinne gelenkt wird, dass diese, wie es Kant unterstellt, die Wahrnehmungsdaten einordnen und daraus gewisse Schlüsse ziehen. Vielmehr handelt es sich um einen körperlichen Prozess, den Kant weitgehend ausblendet, geht es ihm letztlich doch um die Vernunft und nicht um die Sinnlichkeit. So schreibt Kant: „Die reine praktische Vernunft tut der Eigenliebe bloß Abbruch, (...). Aber den Eigendünkel schlägt sie gar nieder, indem alle Ansprüche der Selbstschätzung, die vor der Übereinstimmung mit dem sittlichen Gesetze vorhergehen, nichtig und ohne alle Befugnis sind, (...)."[2]

Dagegen zählt Varela die Aspekte auf, die die Wahrnehmung bestimmen: „1. Erkennen hängt von den spezifischen Erfahrungsweisen ab, die der Besitz eines Körpers mit seinen verschiedenen sensumotorischen Fähigkeiten ermöglicht. 2. Diese individuellen sensumotorischen Fähigkeiten sind selbst wiederum in einen umfassenden biologischen und kulturellen Kontext eingebettet."[3] Varela erweitert also den Horizont der Wahrnehmung, was Kants Vernunft ihres transzendentalen und

---

[1] Francisco J. Varela, Ethisches Können (1992), Frankfurt, New York 1994, 22
[2] Immanuel Kant, Kritik der praktischen Vernunft (1788), Akademie Textausgabe Bd. V, Berlin 1968, 78
[3] Francisco J. Varela, Ethisches Können (1992), 19

universellen Charakters entheben würde, erscheint sie konstruktivistisch eingebettet in einen soziokulturellen Horizont wie die Leibhaftigkeit des Menschen, die Kant weitgehend verdrängt, bzw. sie dem Primat der Vernunft unterstellt.

Nicht die Vernunft und der Verstand beherrschen und lenken den Körper, wie es sich Kant vorstellt, sondern der Körper gibt dem Verstand zu denken. Aber auch die Sinneswahrnehmungen haben kein Primat bzw. stehen nicht für sich alleine. Auch sie sind eingebunden in die körperlichen Aktivitäten. So bemerkt Varela: „Da Wahrnehmung und Handeln sich in ((. . .) selbstorganisierenden) sensumotorischen Prozessen verkörpern, liegt die Vermutung nahe, dass kognitive Strukturen aus wiederkehrenden Mustern sensumotorischer Aktivität *hervortreten*."[1]

Der Körper steht nie still. Ihn zu fesseln, ist eine Folter. Das fotografierte Gesicht ist starr, das lebendige nie. Daher zeigt man mit dem Foto nie das, was man mit dem smarten Selbstportrait behauptet, nämlich sich, auch nicht hier und jetzt, gibt es im Leben weder Raum- noch Zeitpunkte. Daher gibt es auch keine Wahrnehmung jenseits von körperlichen Aktivitäten, in die vielmehr alle Perzeptionen eingebunden und auch daraus erst ihren Sinn erhalten. Man nimmt nicht mit einem einzelnen Sinnesorgan war, sondern mit seinem Körper insgesamt, weshalb die digitale Virtualität an die Lebendigkeit nicht heranreicht, mag sie in diversen Spielen Spaß machen. Diese These unterstützt auch von Foerster: „Der Schlüssel zur Perzeption sind nicht die Sinnesorgane allein, sondern ihr Wechselspiel mit dem Bewegungsapparat; oder wie mein Freund Humberto Maturana zu sagen pflegte: ‚Man sieht mit den Beinen.'"[2] Der Körper erlebt die Welt und dabei spielen Vorstellungen eine

---

[1] Francisco J. Varela, Ethisches Können (1992), 23
[2] Heinz von Foerster, Entdecken oder Erfinden – Wie lässt sich Verstehen verstehen? (1992); in: Heinz Gumin, Heinrich Meier (Hrsg.), Einführung in den Konstruktivismus, 10. Aufl. München 2010, 76

wichtige Rolle. Doch weder dominieren sie, noch spielen sie einfach beiher.

Schon gar nicht handelt es sich bei Wahrnehmungen um Repräsentationen, wie man das Verhältnis von Sprache und Gegenständen in weiten Teilen der Philosophie begreift. Das gilt auch für das Erkennen, das sich auf Wahrnehmungen stützt. So schreibt Varela: „Erkennen besteht mithin nicht aus Repräsentationen, sondern aus *verkörpertem Handeln.*"[1] Dann heißt Erkennen Erleben und keinesfalls reines Denken. Aber man darf bezweifeln, dass letzteres überhaupt irgendwie vorkommt, höchstens in der Rechenmaschine und diese erlebt nichts, wiewohl das ChatGPT-4 vorzugaukeln vermag. Freilich muss es dazu Benutzer geben, die sich das einbilden: Das Erlebnis des Roboters ist die Halluzination des Menschen.

Das sieht von Glasersfeld ähnlich. Für den jungen Wittgenstein im *Tractatus logico-philophicus* repräsentiert das Wort einen Gegenstand im Sachverhalt, das er auch mit einem Bildobjekt vergleicht. Aber nicht mal ein Bildobjekt gibt den Gegenstand adäquat wieder, sondern höchstens gemäß des Objektivs und der Perspektive, wie es von der Kamera aufgenommen wurde. Lichtverhältnisse und damit Farben können gar nicht irgendwie adäquat erfasst werden, sind diese strukturell individuell und somit nur idealisiert darstellbar. Was der Laut Tisch mit dem Gegenstand Tisch gemein hat, ist noch fragwürdiger und Zuordnungen bleiben durch Zeigen notorisch vage. So schreibt von Glasersfeld: „Wahrnehmung und Erkenntnis wären demnach also konstruktive und nicht abbildende Tätigkeiten. (. . .) Das heißt, dass wir in der Organisation unserer Erlebenswelt stets so vorzugehen trachten, dass das, was wir da aus Elementen der Sinneswahrnehmung und des Denkens zusammenstellen – Dinge, Zustände, Verhältnisse, Begriffe, Regeln, Theorien, Ansichten und, letzten Endes,

---

[1] Francisco J. Varela, Ethisches Können (1992), 25

Weltbild –', so beschaffen ist, dass es im weiteren Fluss unserer Erlebnisse brauchbar zu bleiben verspricht."[1]

Nicht nur die Naturwissenschaften operieren konstruktivistisch, sondern sogar die Wahrnehmung funktioniert in diesem Sinne, jedenfalls soweit es beobachtet werden kann. Dass sich der Mensch als Lebewesen autopoietisch aufführt und mit seiner Umwelt nur in indirekter Beziehung steht, dass es daher keinen Bezug zu einer vorliegenden, vom Menschen unabhängigen Wirklichkeit gibt, hängt längst nicht nur an den modernen Wissenschaften, sondern ist im Verhältnis von Mensch und Welt selbst begründet. So schreibt Varela: „Nach der vollzugorientierten Auffassung ist die Realität nicht einfach vorgegeben: Sie ist vom Wahrnehmenden abhängig, und zwar nicht, weil er sie nach Belieben ‚konstruieren' könnte, sondern weil das, was als relevante Welt *zählt*, unlöslich mit der Struktur des Wahrnehmenden verbunden ist."[2] Wahrnehmung trägt ihren Teil zur Konstruktion von Welten bei. Die Welt aber wird dadurch dekonstruiert.

Daher erscheint Habermas' „Funktionserfordernis unserer Kooperations- und Verständigungsprozesse" zunehmend als ein frommer Wunsch vergleichbar mit der religiösen These, dass die Menschen Gott brauchen und dieser daher doch existieren muss. Warum werden dann die radikalen Konstruktivisten nicht so scharf verurteilt wie die poststrukturalistischen Postmodernen?

---

[1] Ernst von Glasersfeld, Konstruktion der Wirklichkeit des Begriffs der Objektivität (1992), 30
[2] Francisco J. Varela, Ethisches Können (1992), 20

10. DIE HUMANWISSENSCHAFTEN BEI FOUCAULT

Wegbereiter der Postmoderne Debatte in einer Zeit, als der radikale Konstruktivismus noch in den Kinderschuhen steckte, ist Michel Foucaults damals ungewöhnlicher Blick auf die Geschichte, die er nicht als ein vorliegendes Geschehen versteht, das man immer besser durchdringen muss. In seinem Frühwerk *Wahnsinn und Geschichte* stellt er bereits das gängige Verständnis moderner Wissenschaften massiv in Frage. Die Medizin entdeckt keine Krankheiten, sondern konstruiert sie gemäß ihrer eigenen Vorverständnisse.

Bis heute besonders deutlich zeigt sich das in der Psychiatrie. Geisteskrankheiten werden nicht entdeckt, sondern konstruiert. Derart entsteht im 17. Jahrhundert ein bestimmtes Verständnis von Wahnsinn, das sich der Entstehung der modernen Wissenschaften verdankt, so dass aus dem Wahnsinn ein epistemologisches Konstrukt wird. Foucault schreibt: „Ursprünglich ist dabei die Zäsur, die die Distanz zwischen Vernunft und Nicht-Vernunft herstellt. Der Griff, in den die Vernunft die Nicht-Vernunft nimmt, um ihr ihre Wahrheit des Wahnsinns, des Gebrechens oder der Krankheit zu entreißen, leitet sich entfernt davon her."[1] Die entstehende moderne Wissenschaft grenzt ein bestimmtes Verhalten als unvernünftig und damit wahnsinnig aus der Vernunft aus. Die moderne Medizin erzeugt ständig neue Krankheiten, indem sie ihre Messergebnisse entsprechend interpretiert. Derart konstruierte Krankheiten betrachtet man dann als vorliegend.

---

[1] Michel Foucault, Wahnsinn und Gesellschaft (1961), Frankfurt/M. 1973, 7

Dabei verändert Foucault auch den Blick auf die Geschichte. Historische Fakten verdanken sich der Geschichtsschreibung, die immer wieder ihre ideologische Ausrichtung änderte. Anstatt diese großen Erzählungen fortzuschreiben, geht Foucault in die Archive und liest die Quellen, in denen er nach wiederkehrenden Aussagen sucht, die in den Zusammenhang von Techniken und Institutionen gebracht werden. Das nennt Foucault Archäologie. Diese – so schreibt Foucault 1969 in der *Archäologie des Wissens* – „zeigt wie Probleme, Begriffe, Themen von dem philosophischen Feld, in dem sie formuliert worden sind, zu wissenschaftlichen oder politischen Diskursen übergehen können. Sie setzt Werke mit Institutionen, Gebräuchen oder sozialem Verhalten, Techniken, Bedürfnissen und stummen Praktiken in Beziehung. Sie versucht, die am weitesten ausgearbeiteten Formen des Diskurses in der konkreten Landschaft, im Milieu des Wachstums und der Entwicklung, das sie hat entstehen sehen, erneut zum Leben kommen zu lassen."[1] Derart präsentieren sich Geschichte wie die Wirklichkeit als Diskurse und nicht als vorliegende Gegenstände, die von der Erkenntnis unabhängig wären.

Das gilt denn auch für die einzelnen Aspekte, die im Diskurs vorkommen: Ein Diskursgegenstand existiert nur „unter der positiven Bedingung eines komplexen Bündels von Beziehungen"[2], die ihrerseits archäologisch entfaltet werden, wie sie sich im Archiv als eine Gruppe von Aussagen präsentieren und diese in Verbindung mit Techniken und Institutionen gebracht werden.

Allemal liegt die Geschichte nicht vor, wie sie die Historiographie seit der Antike beschreibt und interpretiert. Die Zusammenhänge, die derart hergestellt wurden, sind genehme Konstrukte, mit denen man Gemeinschaften einen Zusammenhalt geben will. Aber das Geschehen, das sich in den Aussagengruppen der Archive erahnen lässt, besteht aus einzelnen

---

[1] Foucault, Archäologie des Wissens (1969), 7. Aufl. Frankfurt/M. 1995, 196
[2] Ebd., 68

Ereignissen, die auch keinesfalls auf der Hand liegen, sondern durch die Archäologie in die Diskursform gebracht werden. „Man muss jene dunklen Formen und Kräfte aufstöbern, mit denen man gewöhnlich die Diskurse der Menschen miteinander verbindet. Man muss sie aus dem Schatten jagen, in dem sie herrschen. Und ehe man sie spontan gelten lässt, muss man aus methodischen Erwägungen und in erster Instanz annehmen, dass man es nur mit einer Menge verstreuter Ereignisse zu tun hat."[1] Was sich zeigt, einzelne Ereignisse, ergibt sich aus Dokumenten, aus Aussagenverkettungen, die die Archäologie auch erst als solche bestimmt, so „dass es nie möglich ist, in der Ordnung des Diskurses den Einbruch eines wirklichen Ereignisses zu bestimmen; dass jenseits jeden offenbaren Beginns es stets einen geheimen Ursprung gibt – einen so geheimen und so ursprünglichen, dass man nie ihn völlig in sich selbst erfassen kann."[2] Das wirkliche Ereignis erscheint höchstens als Phantom, dem kein ontologischer Status zugeschrieben werden kann. Aber selbst als Anordnung der Dokumente verdankt es sich der archäologisch entfalteten Ordnung des Diskurses.

Ein solches Konzept, das sich einerseits durch Aussagenstrukturen, also strukturalistisch ergibt, und das sich andererseits eines Geschichtsverständnisses als Ereignis- und nicht als Verlaufshistorie bedient, somit poststrukturalistisch operiert, gelangt zu anderen Interpretationen als den in der Geschichtswissenschaft bis dahin üblichen. Die traditionelle Geschichte versteht sich immer noch in einem christlichen Sinn, nach dem der Mensch eine in der Geschichte gleichgebliebene Gestalt ist. Dagegen schreibt Foucault, „dass der Mensch lediglich eine junge Erfindung ist, eine Gestalt, die noch nicht zwei Jahrhunderte zählt, eine einfache Falte in unserem Wissen und dass er verschwinden wird, sobald unser Wissen eine neu Form gefun-

---

[1] Ebd., 34
[2] Ebd., 38

den haben wird."[1] Damit fordert Foucault die Geistes- und Sozialwissenschaften genauso heraus wie die Naturwissenschaften und erst recht die Religionen mit ihren Machtansprüchen, wie sie Hans Joas beschreibt: „Fundamentaler als (. . .) Gerechtigkeitsfragen sind aus meiner Sicht dagegen die Dynamiken der Heiligkeitserfahrung und ihrer Interpretation, die den Rahmen erst hervorbringen, in dem solche Fragen gestellt werden können."[2] Wenn denn das die wahre Wirklichkeit sein sollte . . . für Joas aber zweifellos ist!

Der Mensch jedoch ist nichts naturhaft Vorliegendes, gar ein Geschöpf, höchstens eines seiner diversen Verständnisformen, der wechselnden Anthropologien incl. diverser christlichen. So wie ihn die Humanwissenschaften in der zweiten Hälfte des 20. Jahrhunderts verstehen, hat man den Menschen zuvor nicht betrachtet. Aber die medizinische Betrachtungsweise, die viele Wandlungen durchmacht, ist auch nur eine wissenschaftlich konstruierte. Foucault schreibt: „Vor dem Ende des 18. Jahrhundert existierte der *Mensch* nicht. Er existierte ebenso wenig wie die Kraft des Lebens, die Fruchtbarkeit der Arbeit oder die historische Mächtigkeit der Sprache. Es ist eine völlig junge Kreatur, (. . .). Aber es gab kein erkenntnistheoretisches Bewusstsein vom Menschen als solchem."[3] Biologie, Ökonomie und Sprachwissenschaft entwickeln sich in einem modernen Sinn erst im Laufe des 18. Jahrhunderts und erreichen ihre entsprechende Entfaltung im 19. Jahrhundert, nämlich als Evolutionstheorie, politische Ökonomie und zunächst bis ca. 1900 als Sprachgeschichte, die erst durch Ferdinand de Saussure in eine strukturelle Analyse umgewandelt wird, an die der Poststrukturalismus anschließt.

In *Die Ordnung der Dinge* skizziert Foucault, dass es in drei Epochen, der Renaissance, der Aufklärung und dem 19.

---

[1] Michel Foucault, Die Ordnung der Dinge – eine Archäologie der Humanwissenschaften (1966), Frankfurt/M. 1974, 26
[2] Hans Joas, Die Macht des Heiligen, Berlin 2017, 372
[3] Michel Foucault, Die Ordnung der Dinge (1966), 373

Jahrhundert verschiedene epistemologische Wahrheitskriterien gibt: Ähnlichkeit, Repräsentation und Prozess. Im Poststrukturalismus treten Wort und Gegenstand auseinander, werden dabei freilich im Diskurs aufgehoben. In diesem beziehen sie sich so aufeinander, dass sie sich gegenseitig bestimmen, nicht aber in einer spiegelnden Form. Foucault schreibt: „Die Sachen und die Wörter werden sich trennen. (. . .) Der Diskurs wird zwar zur Aufgabe haben zu sagen, was ist, aber er wird nichts anderes mehr sein, als was er sagt. Es handelt sich dabei um die ungeheure Reorganisation der Kultur, deren erste Etappe das klassische Zeitalter gewesen ist, vielleicht auch deren wichtigste, weil sie verantwortlich für die neue Anordnung ist, in der wir noch gefangen sind, denn sie trennt uns von einer Kultur, in der die Bedeutung der Zeichen nicht existierte, da sie in der Souveränität des Ähnlichen resorbiert war."[1]

Francis Bacon will die Sprache von falschen Bedeutungen reinigen. Für Galilei besteht noch eine Identität zwischen Geometrie und Körpern. Trotzdem stellt sich damit die Frage nach dem Verhältnis von Wort und Gegenstand. Indem Bacon und Galilei diese Frage vermeintlich lösten, ähnlich wie der *Tractatus logico-philosophicus*, haben alle drei sie überhaupt erst zum Problem gemacht. Foucault schreibt: „Die Natur zu erkennen, heißt in der Tat, ausgehend von der Sprache eine wahre Sprache zu errichten, die aber entdecken wird, unter welchen Bedingungen jegliche Sprache möglich ist und innerhalb welcher Grenzen sie ein Gebiet der Gültigkeit haben kann."[2]

Damit wird auch das Kausalgesetz fraglich, das eine Sache aus der anderen ableitet. Was bleibt ist die Genealogie: eine Sache nicht aus der ihr ähnlichen ableiten, sondern sie ins Verhältnis zu einer ihr fremden Angelegenheit, dem Anderen zu setzen, das Gute mit dem Bösen in Nietzsches *Zur Genealogie der Moral*. In den siebziger Jahren tritt bei Foucault die Archäologie in den Hintergrund einer genealogischen Betrachtungs-

---
[1] Ebd., 76
[2] Ebd., 209

weise, die er von Nietzsche übernimmt. Foucault fragt: „Warum lehnt der Genealoge Nietzsche zumindest gelegentlich die Suche nach dem Ursprung ab? Vor allem weil damit die Suche nach dem genau abgegrenzten Wesen der Sache gemeint ist, die Suche nach ihrer reinsten Möglichkeit, nach ihrer in sich gekehrten Identität, nach ihrer unbeweglichen und allem Äußeren, Zufälligen und Zeitlichen vorhergehenden Form."[1] Das kausale Denken will die Welt nicht beschreiben und schon gar nicht interpretieren, sondern erklären, wie sich die Dinge aus ihren Ursprüngen heraus wirklich darstellen. Doch bereits für Kant verdankt sich das nicht der Welt selbst, sondern einer apriorischen Kategorie des Verstandes. Damit untergräbt Kant die Kausalität als Offenbarung der Welt. Nietzsche lässt sie ganz auf.

Auch Foucault verabschiedet sie und damit wird im Sinne Nietzsches die ‚wahre Welt zur Fabel'. Wenn man dagegen genealogisch denkt, dann lassen sich die Gegenstände nicht mehr sauber trennen. Vielmehr spielen sie häufig zusammen und verunreinigen die Erkenntnis. Foucault schreibt: „Man muss wohl auch einer Denktradition entsagen, die von der Vorstellung geleitet ist, dass es Wissen nur dort geben kann, wo die Machtverhältnisse suspendiert sind, dass das Wissen sich nur außerhalb der Befehle, Anforderungen, Interessen der Macht entfalten kann. Vielleicht muss man dem Glauben entsagen, dass die Macht wahnsinnig macht und dass man nur unter Verzicht auf die Macht ein Wissender werden kann. Eher ist wohl anzunehmen, dass die Macht Wissen hervorbringt (und nicht bloß fördert, anwendet, ausnutzt); dass Macht und Wissen einander unmittelbar einschließen; dass es keine Machtbeziehung gibt, ohne dass sich ein entsprechendes Wissensfeld konstituiert, und kein Wissen, das nicht gleichzeitig

---

[1] Michel Foucault, Nietzsche, die Genealogie, die Historie (1971); in: ders., Von der Subversion des Wissens, Frankfurt/M. 1987, 71

Machtbeziehungen voraussetzt und konstituiert."[1] Was die Tradition auseinander zu halten versucht, das spielt genealogisch betrachtet zusammen. Das Wissen wird traditionell als von Macht und Gewalt unabhängig betrachtet, so dass es in der Lage ist, die Macht objektiv zu beraten. Doch das ist nirgends der Fall, schon gar nicht in den Think-Tanks, die die Politik beraten, aber auch nicht in den Sozialwissenschaften, die sich gleichfalls darum bemühen und auch nicht in den Naturwissenschaften, deren Interpretationen sich erstens ihren Methoden verdanken und die zweitens parteiisch werden, sobald sie sich in einen öffentlichen Diskurs einmischen – man denke an die Medizin und die Corona-Politik oder die Klimaforscher und Meteorologen in der Klima-Debatte.

Gleichzeitig gibt es einen Unterschied zwischen Experten und dem Publikum, das sich in die jeweiligen Diskurse höchstens von Ferne einmischen kann und dann zumeist nicht ernst genommen wird, auch wenn das die Medien immer wieder anders vorgaukeln. Wie bemerkt Foucault: „Man weiß, dass man nicht das Recht hat, alles zu sagen, dass man nicht bei jeder Gelegenheit von allem sprechen kann, dass schließlich nicht jeder beliebige über alles beliebige reden kann."[2] Das kann er schon. Nur wird er schwerlich irgendein Gehör finden. Alle Diskurse werden von jeweiligen Experten beherrscht. Die Bevölkerung darf nur zuhören. Aber was als Schutz des Diskurses verkauft wird – heute gestört durch die sozialen Netzwerke – ist die Kontrolle der Diskurse, an denen nur jene richtig teilnehmen dürfen, die ihre Zuverlässigkeit bewiesen haben.

Denn Diskurse können leicht aus dem Ruder laufen und dadurch die soziale Ordnung stören. So schreibt Foucault: „Ich setze voraus, dass in jeder Gesellschaft die Produktion des Diskurses zugleich kontrolliert, selektiert, organisiert und kanalisiert wird – und zwar durch gewisse Prozeduren, deren Auf-

---

[1] Michel Foucault, Überwachen und Strafen – Die Geburt des Gefängnisses (1975), Frankfurt/M 1977, 39
[2] Michel Foucault, Die Ordnung des Diskurses (1970), Frankfurt/M. 1991, 11

gabe es ist, die Kräfte und die Gefahren des Diskurses zu bändigen, sein unberechenbar Ereignishaftes zu bannen, seine schwere und bedrohliche Materialität zu umgehen."[1] Staaten organisieren mit ihren Institutionen just die diversen Diskurse bzw. den Diskurs als ganzen, in den sich die Bevölkerung oder fremde Mächte nicht einschalten dürfen. Im Zeitalter des Internet haben sich die Eingriffsmöglichkeiten vermehrt, ist der Diskurs noch ereignishafter geworden, und noch haben die demokratischen Öffentlichkeiten Probleme, diese Entwicklung einzudämmen. Am Ende werden sie China nacheifern, wo man das Problem schon weitgehend gelöst hat.

Eine solche Problematik entstand bereits um 1500 herum, was dazu führte, dass die Herrschaftsgebilde der Renaissance ihre Tätigkeit erweiterten, so dass sie begannen, die Gesellschaft in einem Maße zu organisieren, die bis dahin nicht bestand. Diese Entwicklung der Staaten bezeichnet Foucault mit dem Begriff Gouvernementalität: „Ich verstehe unter ‚Gouvernementalität' die aus den Institutionen, den Vorgängen, Analysen und Reflexionen, den Berechnungen und den Taktiken gebildete Gesamtheit, welche es erlauben, diese recht spezifische, wenn auch sehr komplexe Form der Macht auszuüben, die als Hauptzielscheibe die Bevölkerung, als wichtigste Wissensform die politische Ökonomie und als wesentliches technisches Instrument die Sicherheitsdispositive hat."[2] Die Bevölkerung wird nicht nur kontrolliert, sondern ihre Entwicklung gesteuert, nämlich ihre Vermehrung dadurch erhöht, dass man das Wissen um Verhütung der Hebammen durch die Hexenverfolgung ausrottete. Die europäische Bevölkerung war durch die Pest im 14. Jahrhundert von 78 Millionen auf 45 Millionen um 1400 gesunken und wird sich bis 1900 auf 450 Millionen verzehnfachen: Ein Erfolg der Biopolitik. Just Vermehrung und

---

[1] Michel Foucault, Die Ordnung des Diskurses (1970), Frankfurt/M. 1991, 11
[2] Michel Foucault, Geschichte der Gouvernementalität I – Sicherheit, Territorium, Bevölkerung, Vorlesung am Collège de France 1977-1978, Frankfurt/M. 2004, 162

sexuelle Kontrolle und Disziplinierung steckt hinter jeglicher Abtreibungsgegnerschaft.

Trotz Gouvernementalität, politischer Ökonomie und einer massiven Machterweiterung durch Militär und Polizei, um die innere wie die äußere Sicherheit zu erhöhen, besitzt der Staat für Foucault ähnlich wie für Pierre Bourdieu keine homogene Gestalt, sondern verschwimmt diffus zwischen Erweiterung seiner Tätigkeit und fremden Einflüssen, die ihn stören – man denke an die Mafia. So schreibt Foucault: „Der Staat ist zugleich das Bestehende, aber auch das, was noch nicht genügend existiert."[1] Der Staat, der das Geld einführte, um seine Macht zu erweitern, denkt heut darüber nach, es abzuschaffen, weil es sich nicht kontrollieren lässt.

Lange bevor der moderne Staat entstand, stützte sich die Kirche in der Spätantike zunehmend auf den Gehorsam ihrer Gläubigen. Je weiter der frühneuzeitliche Staat seine Tätigkeiten ausdehnte, um so mehr bedurfte er der Loyalität seiner Bürgerinnen, auch weil er sich immer weiter ausdehnte. Der große Territorialstaat stützte sich vor allem im 19. Jahrhundert auf den Militarismus, implantierte damit ein untertäniges Bewusstsein, das sich selbst in liberalen und emanzipatorischen Kreisen gehalten hat, die natürlich auch der Loyalität bedürfen. Foucault schreibt über die Kirchenväter: „Der Gehorsam ist nicht einfach eine Beziehung zu diesem oder jenem, er ist eine allgemeine und ständige Struktur der Existenz."[2] Von dort zieht sich eine Linie der Untertänigkeit über die Opferbereitschaft von Leuten wie Ernst Jünger im Ersten Weltkrieg zu Arendts *Eichmann in Jerusalem* und heute zur Wehrpflicht, die demokratische Staaten wieder einführen, um den Gehorsam zu erzwingen, den sie zu ihrer Verteidigung angeblich brauchen – wahrscheinlich eher der inneren als der äußeren.

---

[1] Michel Foucault, Geschichte der Gouvernementalität II – Die Geburt der Biopolitik Vorlesung am Collège de France 1978-1979, Frankfurt/M. 2004, 16

[2] Michel Foucault, Die Geständnisse des Fleisches – Sexualität und Wahrheit 4 (1984 / 2018), Berlin 2019, 173

Dergleichen wird von staatstreuen Philosophen, also von der analytischen Philosophie, fleißig unterstützt. Sie versammeln Argumente, um den staatlich kontrollierten Diskurs zu unterstützen, damit die staatliche Kontrolle. Aber in der Tradition der Philosophie gibt es auch staatskritische Stimmen: Sophisten, Platon – knapp zwei Tausend Jahre Pause – Machiavelli, Bruno, Hobbes, d'Holbach, Stirner, Sartre, Adorno, Foucault, Derrida, Lyotard . . . Foucault schreibt: „Die Rhetorik ist ein Mittel, das ermöglicht, die Menschen von dem zu überzeugen, wovon sie ohnehin schon überzeugt sind. Die Bewährungsprobe der Philosophie, die Realitätsprüfung (. . .) der Philosophie besteht im Gegensatz dazu nicht in ihrer politischen Wirksamkeit, sondern in der Tatsache, dass sie mit ihrer eigenen Besonderheit in das Feld der Politik eintritt und ihr eigenes Spiel gegenüber der Politik verfolgt."[1] Letzteres stützt sich nicht auf die vermeintliche wissenschaftliche Wahrheit der Experten, sondern relativiert diese hinterfragend. Es verwundert nicht, dass die Philosophen mit distanzierter Haltung gegenüber dem Staat vom öffentlichen Diskurs, den dieser schließlich hegt und pflegt, nicht gerade geschätzt werden. Freilich müsste es diesen zur Ehre gereichen. Doch Ehre ist eine staatliche und soziale Lebensform, die wenig mit Foucaults Lebenskunst gemein hat, eher mit Gehorsam – wenn man von Albert Camus absieht. Dann stellt eine staatskritische Philosophie nicht nur die staatlich fabrizierte Wirklichkeit und die wissenschaftlich konstruierte Welt in Frage, sondern entwirft nach Foucault „eine Geschichte der Philosophie, der Moral und des Denkens, die als Leitfaden die Lebensformen, die Lebenskünste, die Verhaltensweisen, Haltungen und Seinsweisen"[2] enthält. Mit dem Ende der wahren Wirklichkeit steht auch die staatlich konstruierte Welt in Frage.

---

[1] Michel Foucault: Die Regierung des Selbst und der anderen, Vorlesung am Collège de France 1982/83 (2008). Frankfurt/M. 2009, 291
[2] Foucault, Der Mut zur Wahrheit – Die Regierung des Selbst und der anderen II, Vorlesung am Collège de France 1984 (2009), Frankfurt/M. 2010, 371

11. STRUKTURDETERMINIERTE LEBEWESEN UND IHRE DISTANZ GEGENÜBER DER UMWELT

Das Argument des radikalen Konstruktivismus wider eine unabhängig vorliegende, aber adäquat erkennbare Welt wird dadurch gestärkt, dass aus der Autopoiesis von Beobachtung und Wahrnehmung folgt, dass Menschen – und nicht nur diese Lebewesen – autopoietische Wesen sind bzw. man sie als solche Systeme beschreiben kann. Solche Wesen bestimmt Maturana folgendermaßen: „Strukturdeterminierte Systeme erfahren ausschließlich Veränderungen, die durch ihre Organisation und ihre Struktur determiniert sind."[1] Der innere Prozess bestimmt Lebewesen primär und höchstens sekundär der Einfluss der Umwelt, der indes überall betont wird, wenn beispielsweise nach Marx das Sein das Bewusstsein bestimmt oder Menschen durch ihr Milieu soziologisch erfasst werden oder sie psychoanalytisch von ihren Eltern geprägt werden und lebenslang Papa-Mama sagen. Für Foucault leben die Menschen in Diskursen, die sie bestimmen, an denen sie auch teilnehmen, die aber allemal die Umwelt nicht adäquat abbilden, sondern gemäß den Strukturen des Diskurses.

Für von Glasersfeld beeinflussen die inneren Strukturen sogar die Evolution von Lebewesen, gerade nicht die Umweltbedingungen. So schreibt er: „Vom Gesichtspunkt der klassischen Evolutionstheorie ist das jedoch grundsätzlich ausgeschlossen, weil Veränderung des Genotyps (d.h. der Gesamtheit der erblichen Merkmale) einzig und allein auf zufällige Variationen

---

[1] Humberto Maturana, Biologie der Sprache: die Epistemologie der Realität (1978); in: ders., Biologie der Realität, Frankfurt/M. 2000, 102

zurückgeführt werden können und nicht auf Einflüsse der Umwelt oder individuelles Lernen. (. . .) ‚Angepasst sein' heißt also eigentlich nicht mehr, als überlebt zu haben; jeder Organismus und jede Art, die wir heute lebendig vorfinden, ist darum eo ipso angepasst."[1] So greift der radikale Konstruktivismus auf Darwins Evolutionstheorie zurück: Veränderung von Lebewesen erfolgt gemäß einer späteren Interpretation, als man vergeblich versuchte, der Evolution das Gen entgegenzustellen, das sich dann aber als Kopiermechanismus der DNA enttarnte. Fehler sind dann eine systemimmanente Veränderung und keine fortschreitende Anpassung an die Umwelt. Nur dass sich die veränderten Lebewesen in der Umwelt vermehrender durchsetzen als zuvor. So schreibt Evelyn Fox Keller: „Evolution durch natürliche Selektion hängt von jenen ungemein seltenen Ereignissen ab, Fehlern, die sich als vorteilhafte erwiesen."[2] Aber die Evolution hat es auch nicht eilig.

In diesem Sinn interpretiert Maturana denn auch die Biologie insgesamt. Wenn man Lebewesen durch ihre Umwelt bestimmt, dann kann man ihre Eigenarten höchstens indirekt ermitteln, vorausgesetzt man betrachtet Lebewesen als von ihrer Umwelt als strukturell geschieden. So schreibt Maturana: „Die naturwissenschaftliche Methode gestattet uns lediglich die Bearbeitung von Systemen, deren Strukturveränderungen auf die Relationen und Interaktionen ihrer Bestandteile zurückgeführt werden können und die daher als strukturdeterminierte Systeme operieren. Strukturdeterminierte Systeme kennen keinen keine instruktiven Interaktionen. Angesichts dieser Tatsache ist jede Beschreibung einer Interaktion als Instruktion (oder als Informationsübertragung) bestenfalls metaphorisch."[3]

---

[1] Ernst von Glasersfeld, Konstruktion der Wirklichkeit des Begriffs der Objektivität (1992); in: Heinz Gumin, Heinrich Meier (Hrsg.), Einführung in den Konstruktivismus, 10. Aufl. München 2010, 26

[2] Evelyn Fox Keller: Das Jahrhundert des Gens (2000), Frankfurt/M., New York 2001, 50

[3] Maturana, Biologie der Sprache: die Epistemologie der Realität (1978), 103

Trotzdem stellt sich hier die Frage, ob sich diese Perspektive ihrerseits nicht einer zu strikten autopoietischen Sichtweise verdankt, mag dergleichen biologisch auch noch so gut begründet sein. Könnte es nicht zufällige Abweichungen vom Prinzip geben? Womöglich wird der konstruktivistische Biologe diese nicht als solche wahrnehmen. Hier deuten sich gewisse Grenzen autopoietischer Interpretationen an. Wie wird eine solche Abweichung im Diskurs von Foucault auftauchen?

Jedenfalls sind Lebewesen für eine konstruktivistische Biologie denn auch gar nicht in der Lage, ihre Umwelt gemäß von deren Strukturen wahrzunehmen, sondern ausschließlich gemäß ihrer eigenen. Trotzdem sind Lebewesen von ihrer Umwelt abhängig, in diese eingebunden und bedürfen Materialien aus dieser Umwelt für ihren Stoffwechsel. Insofern muss das denn auch nicht unbedingt einer biologischen Ökologie wiederstreiten, wiewohl diese im 21. Jahrhundert meteorologisch aufgeladen in der Regel eine strukturelle Differenz zwischen Erkenntnis und Gegenstand nicht zu ertragen vermag, wird medial ein ungeheurer Hype erzeugt, um die Thesen einer Klimatheorie als wahr zu promoten.

Doch wie Lebewesen ihren Stoffwechsel gestalten, dabei orientieren sie sich nicht primär an dieser Umwelt, die sie eben nicht so wahrnehmen können, wie sie an sich ist, sondern nur so, wie es ihre Wahrnehmung ermöglicht und wie ihre inneren Strukturen das erledigen. Man nimmt das Wetter so wahr, wie es die der Klimatheorie freundlichen Medien vermitteln, schließlich produzieren Klimatheoretiker fleißig bedrohliche Meldungen, die die Medien gut verkaufen können. So definiert von Foerster ein Lebewesen: „Das Postulat der Selbständigkeit: ‚Ein lebender Organismus ist eine selbständige, autonome, organisatorisch geschlossene Wesenheit.'"[1] Das gilt keineswegs nur für Primaten, sondern auch für Amöben. In der Tat

---

[1] Heinz von Foerster, Entdecken oder Erfinden – Wie lässt sich Verstehen verstehen? (1992); in: Heinz Gumin, Heinrich Meier (Hrsg.), Einführung in den Konstruktivismus, 10. Aufl. München 2010, 42

darf man fragen, was die Amöbe von ihrer Umwelt wahrnimmt. Nur gilt das peinlicherweise auch für den Menschen trotz seines Wahrnehmungsapparates, der ja vor allem innerlich wahrgenommen und interpretiert werden muss.

Auch von Glasersfeld bemerkt: „Die Eigenschaften oder Verhaltensweisen von Lebewesen, die wir heute beobachten, sind die Verwirklichung einer von den prinzipiell unzähligen Möglichkeiten, sich in der Umwelt und im Wandel der Umwelten zu behaupten, doch es ist nie die Umwelt, die bestimmt, wie das zu bewerkstelligen wäre."[1] Lebewesen bleibt nichts anderes, als sich ihrer Organe zu bedienen, natürlich möglichst effizient, dabei aber keineswegs primär von der Umwelt abhängig.

Das müssten denn radikale Klimaaktivisten gegenintentional ähnlich sehen: die zeitgenössischen Gesellschaften scheinen nicht in der Lage zu sein, adäquat auf die Klimaveränderungen zu reagieren. Freilich wären dann Klimaaktivisten die einzigen nicht autopoietisch gesteuerten Lebewesen, nein, auch die Experten und Politiker, die diese fleißig unterstützen. Aber damit würden Experten die Bedingungen ihrer eigenen Wissenschaften schlicht übergehen, wie dies ja auch der Fall ist jedenfalls aus radikal konstruktivistischer Perspektive. Auch Habermas wollen die Klimaaktivisten wahrscheinlich nicht unbedingt unterstützen: die vom Menschen unabhängige Natur, die der Mensch auch zu erkennen vermag, darf kein Postulat sein, auch wenn man ohne dieses die Welt nicht retten könnte, sondern muss als Faktum anerkannt werden, dem man nicht widersprechen darf, ist man sonst ein Klima-Leugner nahe dem Auschwitz-Leugner, ja womöglich schlimmer noch, geht es jetzt um den Bestand der ganzen Menschheit, wie es Hans Jonas perhorresziert. Freilich passt ein solcher machiavellistischer Klima-Fundamentalismus ganz und gar nicht zum radikalen Konstruktivismus.

---

[1] Ernst von Glasersfeld, Konstruktion der Wirklichkeit des Begriffs der Objektivität (1992), 25

So bemerkt Maturana hinsichtlich seiner biologischen Studien: „Um Lebewesen nicht zu funktionalisieren, sondern in ihrer Eigenart zu erfassen, musste ich vor allem erkennen, was sie als eigenständige, einzigartige, abgrenzbare Entitäten ausmacht."[1] Freilich gelingt ihm das nur gemäß seiner Perspektive. Aber das ist ja der Sinn des radikalen Konstruktivismus, der dadurch einen aus der Evolutionstheorie geborgten individualistischen Zug erhält.

Den Affen interessiert das wenig und wahrscheinlich auch die meisten Zeitgenossen nicht, die mit einem solchen Selbstverständnis wenig anzufangen wissen und für die allemal gilt, was Maturana schreibt: *„Man sieht nur, was man glaubt."*[2] Das könnte man denn auch gegenüber Klimaaktivisten wie Klima-Experten geltend machen, die solche Einwände gegenüber ihren Modellen und Prognosen ähnlich wie Habermas geflissentlich übergehen. Schließlich glauben sie zu wissen, wie die Natur an sich funktioniert. Natürlich sehen sie nicht nur das, was sie glauben, schließlich sind sie Wissenschaftler. Allerdings haben just diese einen engen Horizont in Bezug auf das, was sie für wahr halten. Offen für verschiedene Sichtweisen, wäre ein solches Denken nur, wenn es zugesteht, was Fox Keller bemerkt: „Die Konstruktion wissenschaftlicher Bedeutungen hängt gerade von der Möglichkeit ab, dass Wörter in verschiedenen Zusammenhängen verschiedene Bedeutungen annehmen können – d.h. sie hängen von sprachlicher Unschärfe ab."[3]

So denken Normalwissenschaftler – nach Kuhn – nicht an die Problematik der Beobachtungsmöglichkeiten wie der Fragwürdigkeit von Wahrnehmung einer vermeintlichen Natur an sich. Nur ist das der blinde Fleck ihrer Perspektive. Erfahrungswissenschaft muss sich auf Beobachtung stützen und damit auch die eigene Beobachterperspektive reflektieren. So

---

[1] Humberto Maturana, Was ist Erkennen? (1992), München, Zürich 1994, 34
[2] Ebd., 31
[3] Evelyn Fox Keller: Das Jahrhundert des Gens (2000), 180

schreibt Maturana „Eine Eigenschaft ist ein charakteristisches Merkmal einer Einheit, das durch eine Operation der Unterscheidung bestimmt und definiert wird. Die Feststellung einer Eigenschaft setzt daher immer einen Beobachter voraus."[1] Und dieser relativiert das Beobachtete bzw. erweist es als konstruiert und nicht als Einsicht in die Welt, wie sie an sich ist. So werden viele Welten konstruiert.

Das ändert auch kein Bezug auf Natur und Umwelt. Was für die Umwelt gilt, das lässt sich auch nicht anders über die Natur sagen. So schreibt von Glasersfeld: „Was jedoch ein Naturwissenschaftler oder irgendein denkender Mensch als seine ‚Umwelt' kategorisiert und hernach kausal mit dem Verhalten eines beobachteten Organismus verknüpft, das liegt im Erfahrungsbereich des Beobachters und niemals in einer von ihm unabhängigen Außenwelt."[2] Auch damit wird die wahre Welt zur Fabel oder sie wird fabelhaft, ein bunter Mythos, der so beunruhigend wie überzeugend erscheint.

---

[1] Maturana, Biologie der Sprache: die Epistemologie der Realität (1978), 101
[2] von Glasersfeld, Radikaler Konstruktivismus, 44

12. SPRACHE UND SCHRIFT BEI DERRIDA

Interessanterweise war die Schrift bis vor kurzem kein Thema der Philosophie oder der Erkenntnistheorie. Aber das gilt ja auch für die Sprache im Allgemeinen, die erst im Strukturalismus zu einem eigenständigen Thema avanciert trotz der grammatischen Studien der Stoa, dem scholastischen Universalienstreit sowie der Sprachkritik in der Aufklärung. So genau wollte man es gar nicht wissen, wie entfernt Schrift und Sprache von einer davon unabhängigen Welt sind oder eine solche erst konstruieren. Man ahnte nichts Gutes für das naive Verständnis, die Sprache spiegele die Welt wie immer, ob laut oder still.

Lange ging man davon aus, dass die Schrift mit der Bedeutung eines gesprochenen Wortes nicht mitzuhalten vermag. Wenn nach Aristoteles die Stimme den bedeutungsvollen Ausdruck birgt, scheint das Geschriebene beispielsweise als Brief dem ferner zu liegen und somit auch einer intendierten äußeren Welt. Erst Derrida erkannte, dass der primäre Sinn der Aussage im Aufgeschriebenen siedelt und von dort der gesprochenen Sprache erst ihre Bedeutung verleiht. Damit verlieren die Stimme bzw. das gesprochen Wort ihren verbindenden Charakter, der von der unmittelbaren Beziehung von Sprache und Welt künden soll. Dass dem nicht so ist, hat man notorisch verdrängt und sich damit des erkenntnistheoretischen Problems entledigt. Im Gespräch erscheinen die Beteiligten nicht nur so, als verstehen sie sich gegenseitig, sondern so als sprechen sie von den wahren Begebenheiten einer äußeren Welt.

So schreibt Derrida 1967: „Die Schrift ist die Verstellung der natürlichen und ersten und unmittelbaren Präsenz von Sinn und Seele im Logos. Als Unbewusstes bemächtigt sie sich der

Seele. Diese Tradition zu dekonstruieren kann jedoch nicht darin bestehen, sie umzukehren, die Schrift von Schuld reinzuwaschen; sondern vielmehr darin, zu zeigen, warum die Gewalt der Schrift nicht eine unschuldige Sprache überkommt. Es kann eine ursprüngliche Gewalt der Schrift nur geben, weil die Sprache anfänglich Schrift in einem Sinne ist, der sich fortschreitend enthüllen wird. Die ‚Usurpation' hat immer schon begonnen: was recht und billig ist, offenbart sich in einer Art mythologischer Rückkopplung."[1] Die Schrift zeigt die Gewalt der Sprache als ihre eigene oder um es etwas zu entdramatisieren: die Schrift enthüllt den performativen Sinn von Sprache, damit deren konstruierende Effekte, indem sie das metaphysisch Ganze der Natur – ein halluziniertes großes Konstrukt bzw. eine große, eine Mega-, wenn nicht sogar eine Meta-Erzählung – zerlegt, also Differenzen erzeugt und damit das vermeintlich originär Ganze dekonstruiert.

Trotzdem spielt das Ganze metaphysisch weiterhin eine wichtige Rolle sowohl für Religionen, Wissenschaften wie Technologien. Die Performanz der Sprache verdankt sich der Schrift bzw. reißt die Lautbildung aus dieser Ganzheit heraus, aus der Einheit von Mensch und Natur, und zerstört beide. Man muss sich wundern, dass ein Zeitalter der Schrift seit dem Buchdruck bis heute diesem Bruch keine Aufmerksamkeit schenkt, wahrscheinlich aber deswegen, weil die Schrift die Differenz zwischen Sprache und Welt vertieft und verschiebt.

Derrida erläutert das am Beispiel der Spur: „In Wirklichkeit ist die Spur der absolute Ursprung des Sinns im allgemeinen; was aber bedeutet, um es noch einmal zu betonen, dass es einen absoluten Ursprung des Sinns im allgemeinen nicht gibt. Die Spur ist die *Differenz (différance) in welcher das Erscheinen und die Bedeutung ihren Anfang nehmen. Als Artikulation des Lebendigen am Nicht-Lebendigen schlechthin, als Ursprung aller Wiederholung, als Ursprung der Idealität ist die Spur so wenig ideal wie reell, intelligibel wie sinnlich, und

---

[1] Jacques Derrida, Grammatologie (1967), Frankfurt/M. 1983, 66

sowenig transparente Bedeutung wie opake Energie; kein Begriff der Metaphysik kann sie beschreiben."[1] Das metaphysisch Ganze taucht erst auf, wenn sich die Welt sprachlichen Differenzen verdankt, wenn es sie nicht mehr als vorliegend äußere gibt, weil sie ein Produkt von sprachlichen Differenzen ist, ein Konstrukt, das die Performanz der Sprache hergestellt hat.

Wenn die Spur des Hasen im Schnee ein Spurenleser als solche versteht, zerbricht die natürliche Einbindung des Menschen in die Natur, die dann erst gelesen und zusammengesetzt werden muss. Das gesprochene Wort konnte man noch als Teil einer Welt oder Natur verstehen wie das Bellen der Hunde oder den Gesang der Nachtigall. Aber wenn es seinen Sinn originär der Spur verdankt, also der Differenz, dann reduziert sich die Welt auf eine metaphysische Annahme, was man bis heute nicht wissen will, was man naturwissenschaftlich versucht einzuholen, weshalb Heidegger recht behält, wenn er Technik und Naturwissenschaft als Verlängerung der Metaphysik versteht, die ihren konstruierenden und damit die Metaphysik destruierenden Charakter verdrängen, was sich in die Dekonstruktion verwandelt hat, diejenige der Einheit von Sprache und Welt, so dass sich eine von der Sprache unabhängige und erkennbare Welt nicht mehr erfassen lässt.

Doch dieser illusionären Intention der Einheit von Sprache und Welt und damit einer Welt jenseits der Sprache hängt das philosophische Denken seit seinen Anfängen bis zur sprachanalytischen Philosophie nach. Man wünscht sich die Einheit von Sprache und Welt. Und die Schrift, die heute diese Einheit als Algorithmus und Künstliche Intelligenz halluziniert, soll just endlich der Welt gerecht werden. Dabei produziert KI noch intensiver Differenzen, konstruiert sie die Welt in Neuronen und hat dadurch just das, was ihre Verfechter gerade meiden wollen, nämlich einen diese Einheit dekonstruktiven Charakter. Derrida schreibt: „Eine Ur-Schrift, deren Notwendigkeit angedeutet und deren neuer Begriff hier umrissen werden soll, und

---

[1] Ebd., 114

die wir nur deshalb weiterhin Schrift nennen wollen, weil sie wesentlich mit dem vulgären Schriftbegriff verbunden ist. Dieser konnte sich historisch nur aufgrund der Verstellung der Urschrift, aufgrund des Wunsches (désir) nach einem gesprochenen Wort durchsetzen, das sein Anderes und sein Duplikat vertrieb und die Reduktion seiner Differenz betrieb. Wenn wir also darauf beharren, diese Differenz Schrift zu nennen, so deshalb, weil die Schrift durch die fortwährende historische Unterdrückung von ihrer Stellung her dazu bestimmt war, die verwerfliche Seite der Differenz darzustellen. Sie war das, was sich dem Wunsch nach dem lebendigen gesprochen Wort drohend näherte, es von innen her und von Anfang an aufbrach. Und die Differenz kann, wie sich immer stärker zeigen wird, nicht ohne die Spur (trace) gedacht werden."[1]

Aber die Differenz, die sich durch die Schrift und die Spur erst zeigt, ist gerade kein simpler Unterschied, der sich festschreiben ließe und mit dem man doch wieder die Sprache stabilisieren könnte, nämlich mit festen Differenzen, festen Performanzen, die damit Bedeutungen versehen bzw. generieren. Derrida markiert das durch eine schriftliche Veränderung, die sich gar nicht sprechen lässt. Unterschied schreibt sich französisch *différence*. Derrida ändert die Orthographie leicht ab: *différance*. Damit intendiert Derrida keinen simplen Unterschied, sondern einen dynamischen Prozess. Er schreibt: „Dieser ökonomische Begriff" – *Differenz (différance)* – „bezeichnet die Produktion des Differierens im doppelten Sinne des Wortes <différer – aufschieben / (von einander) verschieden sein>."[2] Im Aufschub steckt eine performatives Element, das Veränderungen produziert und dadurch die Welt aus kleinen sprachlichen oder schriftlichen Bausteinen zusammensetzt, die ein Konstrukt sind, das die Welt als äußere, vorliegende, gar ganzheitliche eben als ein solches Konstrukt erscheinen lässt und damit dekonstruiert. Mit der Spur verändert sich der Blick

---

[1] Jacques Derrida, Grammatologie (1967), Frankfurt/M. 1983, 99
[2] Ebd., 44

in die Welt, wie sich mit der Schrift diese Welt als eine beschriebene präsentiert, die in dieser Beschreibung aufgeht. Keine Differenz vermag die Welt zu erfassen, wird sie immer verschieben und dadurch konstruieren. Damit gibt es wie für den Konstruktivismus für Derrida keine wahre Wirklichkeit mehr, sondern immer nur eine verschobene.

Die *différance* ist nicht die Wahrheit, auch nicht die Falschheit, sondern markiert deren Ununterscheidbarkeit bzw. die Sinnlosigkeit solcher Begriffe – man hört schon im Hintergrund das laute Lamento über den Begriffszerfall, was Verbrechern und Fake News die Türe öffnen würde. Nur das, was es nicht gibt, bekommt man nicht deshalb, weil man es sich wünscht. Mit Verbrechern muss man anders als die Inquisition umgehen. Denn nach Derrida „ist die *différance*, die kein Begriff ist, auch kein einfaches Wort, das sich als ruhige und gegenwärtige, auf sich selbst verweisende Einheit eines Begriffs und eines Lautes vergegenwärtigen lässt."[1] Aufschub und Verschiedenheit, Verschiebung sind dem wissenschaftlichen wie philosophischen Denken inhärent, die nicht anders funktionieren, wiewohl deren Verfechter das verdrängen. Doch das Verdrängte, Freuds Unbewusstes, kehrt bekanntlich in der Neurose wieder.

Und die neurotisierten Wissenschaftler und sprachanalytischen Philosophen verhalten sich gegenüber *différance* und Dekonstruktion geradezu hysterisch. Derrida ist der Staatsfeind Nr. 1 ihrer Expertenherrschaft. Oder hat das bereits todestriebartige Züge eines Widerholungszwangs, weil den Experten nichts einfällt, wie sie mit der Auflösung von Nietzsches wahrer Welt umgehen könnten? Jedenfalls bemerkt Derrida: „diejenigen, die heute noch an der ‚Dekonstruktion', am Denken der *différance* oder der Schrift eine bastardierte Wiederauferstehung der negativen Theologie denunzieren, sind auch diejenigen, die mit Vorliebe, die, die sie die ‚deconstructionists'

---

[1] Jacques Derrida, Die différance (1968); in: ders. Randgänge der Philosophie (1972), Wien 1988, 37

nennen, verdächtigen, eine Sekte, eine Bruderschaft, eine esoterische Körperschaft, ja vulgärer noch, eine Clique, eine Gang oder, ich zitiere, eine ‚Mafia' zu bilden."[1] Die Dekonstruktion gilt als Häresie ähnlich wie Wittgensteins Sprachphilosophie, wiewohl man das zu vertuschen versucht. Eine preußische Antwort darauf hieße zunächst: viel' Feind, viel Ehr', könnte man sich durch solche Verdikte doch geehrt fühlen, noch dazu wenn man weiß, wer das schreibt.

Doch während sich die großen Erzählungen wie die Religionen etwas vormachen im vollen Bewusstsein, dass sie dergleichen tun und es trotzdem nicht sein lassen können, weil sie anders die Bevölkerung nicht zu führen vermögen – sie wissen es besser, verdrängt Leo Strauss, dass Machiavellismus heißt, die Menschen durch Furcht zu lenken – will sich Derrida gerade nichts vormachen lassen und sich auch nicht mit den Halbwahrheiten eines Leo Strauss begnügen, wie sie der wissenschaftliche Reduktionismus fleißig produziert. Mit einer nur halben elitären Demokratie, die durch ihre Corona-Politik totalitäre Züge annahm und diese auch jederzeit wieder entfalten kann – das Kriegsspektakel droht schon damit –, gibt sich Derrida nicht zufrieden. Das Denken darf sich nicht beschränken, um sich in vermeintliche Realitäten beispielsweise der Herstellung von Sicherheiten einzufügen. Derrida schreibt: „Die Dekonstruktion, wenn es so etwas gibt, bleibt in meinen Augen ein unbedingter Rationalismus, der gerade im Namen der kommenden Aufklärung niemals davon abgeht, in dem zu eröffnenden Raum einer kommenden Demokratie argumentativ, durch rationale Diskussion, sämtliche Bedingungen, Hypothesen, Konventionen und Vorannahmen zu suspendieren (. . .)."[2] Der in allen politischen Lagern weit verbreitete reduktionistische Realismus versteckt solche Probleme, die ihm nur als

---

[1] Jacques Derrida, Wie nicht sprechen – Verneinungen (1987), Wien 1989, 36
[2] Jacques Derrida, Die ‚Welt' der kommenden Aufklärung (Ausnahme, Kalkül und Souveränität); in: ders., Schurken – Zwei Essays über die Vernunft (2003), Frankfurt/M. 2003, 191

Schwächung des Staates erscheinen. Die Zeitgenossinnen sollen sich mit der Welt zufrieden geben, wie sie sie vorfinden. Doch solchen Realismus teilt Derrida gerade nicht. Man könnte ihn daher als Utopisten ohne Utopie bezeichnen – aber erst in einer Zeit, in der Utopien eher realistisch erscheinen.

Dem verweigert sich Derrida, nämlich der Anpassung der Utopie an die Realität, erhält die Utopie dadurch eine quasi religiöse Macht, wenn die Welt wissenschaftlich scheinbar richtig erklärt wird, man sich dem daher fügen muss, so dass die real existierende, repräsentative Demokratie als die einzig mögliche erscheint, auch wenn sie nicht erst durch ihre Corona-Politik totalitäre Züge entfaltete, jedenfalls partizipatorische Vorstellungen seit längerem weitgehend ausschließt.

Dann verwundert es nicht, wenn Derrida sich durchaus auch auf Marx beruft, schreibt er über *Das kommunistische Manifest*: „Kein anderer Text der Tradition erscheint so hellsichtig in Bezug auf die stattfindende weltweite Ausdehnung des Politischen und den irreduziblen Anteil des Technischen und Medialen am Fortgang noch des tiefschürfendsten Denkens – und zwar auch jenseits der Eisenbahn und der Zeitungen von damals, deren Macht das *Manifest* auf unvergleichliche Weise analysierte Und wenige Texte sagen so Erhellendes über das Recht, das internationale Recht und den Nationalismus."[1]

Für Derrida sind in der herrschenden repräsentativen Demokratie vor allem Gerechtigkeit und Recht auseinandergetreten, orientiert sich das Recht nicht mehr an der Gerechtigkeit, sondern dient den herrschenden Interessen. Er schreibt. „Die Heterogenität zwischen Gerechtigkeit und Recht schließt ihre Unzertrennlichkeit keineswegs aus, sondern fordert sie im Gegenteil: keine Gerechtigkeit ohne die Anrufung juridischer Bestimmungen und der Gewalt des Rechts; es gäbe kein Werden, keine Transformation, keine Geschichte und keine Vervollkommnungsfähigkeit des Rechts, wenn es dabei nicht an

---

[1] Jacques Derrida, Marx' Gespenster – Der Staat der Schuld, die Trauerarbeit und die neue Internationale (1993), Frankfurt/M. 2004, 28

eine Gerechtigkeit appellierte, die es dennoch stets übersteigt."[1] Das Recht reicht an die Gerechtigkeit notorisch nicht heran. Als positives hat es das auch gar nicht vor und dieses hat sich weitgehend in den Demokratien durchgesetzt.

Das Recht stützt sich auf Gewalt und verdankt sich auch derselben, wie es Walter Benjamin in seinem Aufsatz *Zur Kritik der Gewalt* 1921 entwickelt. Benjamin geht es freilich um die revolutionäre Zerstörung des Rechts im kapitalistischen Staat, was Gewalt rechtfertigt, sie gar ihres gewalttätigen Charakters enthebt. Er schreibt: „Ist aber der Gewalt auch jenseits des Rechtes ihr Bestand als reine unmittelbare gesichert, so ist damit erwiesen, dass und wie auch die revolutionäre Gewalt möglich ist, mit welchem Namen die höchste Manifestation reiner Gewalt durch den Menschen zu belegen ist."[2] Wie die göttliche Gewalt des Alten Testamentes erscheint für Benjamin die revolutionäre als gewaltlos.

Für Derrida bergen diese Ideen äußerst fragwürdige Visionen. Ähnlich distanziert er sich von Heideggers Begriff der Destruktion: „Zwar geht Heideggers *Destruktion* nicht einfach in den Begriff der Zerstörung über, der im Mittelpunkt des Benjaminschen Denkens steht; man kann sich jedoch fragen, was zwischen den beiden Weltkriegen eine Thematik bedeutet, vorbereitet oder ankündigt, die eine so große Heimsuchungskraft besitzt: um so mehr, als diese Destruktion auch die Bedingung einer authentischen Tradition, eines echten Gedächtnisses und einer Bezugnahme auf eine Ursprache sein soll."[3]

Für Heidegger beruht das abendländische Denken auf Übersetzungsfehlern vom Griechischen ins Lateinische, die es abzubauen gilt, um letztlich die ursprünglichen Gedanken der Vorsokratiker zu entbergen. Heidegger schreibt: „Soll für die

---

[1] Jacques Derrida, Die ‚Welt' der kommenden Aufklärung, 204
[2] Walter Benjamin, Zur Kritik der Gewalt (1921) und andere Aufsätze, Frankfurt/M. 1965, 64
[3] Jacques Derrida, Gesetzeskraft – Der ‚mystische Grund der Autorität' (1990), Frankfurt/M. 1991, 65

Seinsfrage selbst die Durchsichtigkeit ihrer eigenen Geschichte gewonnen werden, dann bedarf es der Auflockerung der verhärteten Tradition und der Ablösung der durch sie gezeitigten Verdeckung. Diese Aufgabe verstehen wir als die *am Leitfaden der Seinsfrage* sich vollziehende *Destruktion* des überlieferten Bestandes der antiken Ontologie auf die ursprünglichen Erfahrungen, in denen die ersten und fortan leitenden Bestimmungen des Seins gewonnen wurden."[1] Aber was bedeutet diese Destruktion im Angesicht der Ausbreitung des Nationalsozialismus? Geht es um die Zerstörung dessen, was man als Menschlichkeit bezeichnet? Der Humanismus wird von Heidegger abgelehnt.dagegen insistiert Derrida darauf, dass die Schrift nicht nur originär die Differenz erzeugt und damit diejenige zwischen Sprache und Welt, sondern dass sie dabei auch im Bereich des Rechts eine Gewalt ausübt. So schreibt Derrida: „Es geht mir immer um die differentielle Kraft und Gewalt, um die Differenz als Kraftdifferenz oder als Differenz der Gewalt, um die Kraft und die Gewalt als *différance* oder als Kraft und Gewalt der *différance* (die *différance* ist eine aufgeschobene-verzögerte-abweichende-aufschiebende-sich unterscheidende Kraft oder Gewalt <*force différée-différante*>); es geht mir um die Beziehung zwischen der Kraft (Gewalt) und der Form, der Kraft (Gewalt) und der Bedeutung; es geht mir um die ‚performative' Kraft (Gewalt), die illokutionäre oder perlokutionäre Kraft (Gewalt), um die persuasive und rhetorische Kraft (Gewalt), um die Kraft (Gewalt) der Bejahung und Behauptung einer Signatur, aber auch und vor allem um all jene paradoxen Situationen, in denen die größte Kraft (Gewalt) und die größte Schwäche sich seltsam kreuzen und in einem denkwürdigen gegenseitigen Austausch stehen."[2] Sprache wie Schrift, die durch die *différance* eine performative Wirkung entfalten, realisieren willkürliche Unterscheidungen, die dadurch Welt und Wirklichkeit erst erzeugen. Das hat etwas Gewalttätiges,

---

[1] Martin Heidegger, Sein und Zeit (1927), 16. Aufl. Tübingen 1986, 22
[2] Derrida, Gesetzeskraft – Der ‚mystische Grund der Autorität' (1990), 15

gleichgültig ob es sich um Performanz, Rhetorik oder um eine Autorität handelt, z.B. die Autorität von Wissenschaftlern, weil diese ihre Wahrheiten erfinden und nicht finden.

Daher hinterfragt Derrida die gängigen philosophischen wie wissenschaftlichen Unterscheidungen, die ihm zu oberflächlich, zu reduktionistisch erscheinen. Will man dem Aufgeschriebenen genauer nachgehen und dessen Lücken und Fragwürdigkeiten entbergen, dann muss man versuchen, der Komplexität dieses Aufgeschriebenen, dessen Buchstäblichkeit gerecht zu werden. Die Dekonstruktion bringt Welt und Wirklichkeit durcheinander. So heißt es bei Derrida: „Ein dekonstruktives Fragen, das (so hat es sich tatsächlich zugetragen) damit anhebt, den Gegensatz zwischen *nomos* und *physis* oder zwischen *thesis* und *physis* aus dem Gleichgewicht zu bringen und komplizierter zu gestalten, das also den Gegensatz zwischen dem Gesetz, der Konvention, der Institution einerseits und der Natur andererseits sowie all die Gegensätze, die davon abhängen (beispielsweise – dies ist jedoch nur ein Beispiel – den Gegensatz zwischen positivem Recht und Naturrecht), destabilisiert (die *différance* verschiebt, verlagert, verlegt diese oppositionelle Logik), ein dekonstruktives Fragen, das (so hat es sich tatsächlich zugetragen) damit anhebt, bestimmte Werte aus dem Gleichgewicht zu bringen, komplizierter und paradoxer zu fassen, etwa die Werte des Eigenen und des Eigentums (und zwar in all ihren Registern), oder die Werte des Subjekts (des verantwortlichen Subjekts, des Rechtssubjekts, des moralischen Subjekts, der Rechtsperson) und der Intentionalität, die Werte endlich, die mit den aufgezählten zusammenhängen, ein solches dekonstruktives Fragen ist in seiner ganzen Spannbreite ein Fragen, welches das Recht und die Gerechtigkeit betrifft."[1]

Die Dekonstruktion, die sich auf die *différance* stützt, stellt primär Fragen. Das Sein, das, was ist, lässt sich nicht mehr bestimmen, sondern nur noch befragen. Sonst wird man diesem

---

[1] Derrida, Gesetzeskraft – Der ‚mystische Grund der Autorität' (1990), 17

nicht gerecht. Wenn Derrida dekretiert – „Die Dekonstruktion ist die Gerechtigkeit."[1] – dann verbindet er Deskription und Normativität. Schrift und Sprache lassen sich nicht allein deskriptiv oder sachlich bestimmen, wie es Max Weber fordert, wiewohl dieser den Gegensatz von Sprache und einer äußeren Welt bereits erkannt hat. Noch weniger hilft dabei Max Schelers Ansatz, dass man die Welt nur durch die Liebe zu erkennen vermag, man also die Dinge lieben müsse. Vielmehr muss man das herrschende Verständnis mit seinen Begriffssystemen aussetzen, diese hintergehen, um sich nicht bloß in ein gängiges überliefertes Denken einzuklinken.

Die *différance* liefert dabei primär einzelnes, Einzelheiten, Ereignisse, die sich freilich nicht als solche richtig erkennen lassen, die vielmehr von einer Andersheit künden, die notorisch fremd bleibt. So folgt Derrida einerseits der Vorstellung von Emmanuel Lévinas, dass der Andere notorisch anders bleibt. Andererseits begegnen sich die Menschen doch auch als gleiche und demokratisch gar als Freundinnen. Derrida schreibt: „Keine Demokratie ohne Achtung vor der irreduziblen Singularität und Alterität. Aber auch keine Demokratie ohne ‚Gemeinschaft der Freunde' (. . .), ohne Berechnung und Errechnung der Mehrheiten, ohne identifizierbare, feststellbare, stabilisierbare, vorstellbare, repräsentierbare und untereinander gleiche Subjekte."[2] Wie bei Aristoteles beruht die Demokratie auf der Tugend der Freundschaft, obgleich diese schwer zu erreichen und zu bestimmen ist. Was sind Freundinnen, richtige oder falsche Freunde? Gibt es sie überhaupt? So hinterfragt Derrida auch diesen Begriff, dekonstruiert ihn, um von dort zu einer Reflexion über die Politik zu gelangen.

Aber was für die Natur und die Wissenschaft gilt, gilt auch für die Gesellschaft und die Wissenschaft. Was passiert, erschöpft sich nicht in dem, was darüber erklärt wird. So schreibt Derrida: „Keine Politik hat jemals ihrem Begriff entsprochen.

---

[1] Ebd., 30
[2] Jacques Derrida, Politik der Freundschaft (1994), Frankfurt/M. 2002, 47

Kein politisches Ereignis kann mittels eines solchen Begriffs angemessen beschrieben werden."[1] Alle Geschichte besteht aus Geschichten, aus Konstruktionen dessen, was passiert sein soll. Foucaults Antwort darauf hieß, sich nur auf Dokumente stützen und dann den Diskurs in diesen Dokumenten skizzieren. Daran schließt Derrida an. Man kann sich dem, was passiert nur dadurch annähern, dass man den Diskurs der Experten dekonstruiert und dessen Unwahrheit aufzeigt. Die Antwort von Habermas und den Experten lautet, dass man eine politische Welt nur aufrechterhalten kann, wenn man ihre Grundlagen – die Erklärungen der Experten und die Anerkennung durch die Bürger – nicht in Frage stellt.

Freilich reduzieren sich dann Experten zu Ideologen, die dem Modell Hegels folgen, nach dem der Begriff seinen Inhalt vollständig reflektiert und dadurch erfasst. Dass er diesen just dadurch konstruiert, will man nicht zugeben, würde das die Stabilität des politischen Systems gefährden. Derrida schreibt: „Nirgends tritt diese Nichtübereinstimmung des Begriffs mit sich selbst deutlicher zutage als in der Ordnung des Politischen, gesetzt, dass diese Ordnung oder vielmehr die Möglichkeit dieser Ordnung nicht geradezu den eigentlichen Ort, das Phänomen, den ‚Grund' der Nichtübereinstimmung eines jeden Begriffs mit sich selbst bezeichnet: den Begriff der Disjunktion als des Begrifflich-seins des Begriffs."[2] Ohne diese Einsichten des Poststrukturalismus wie des radikalen Konstruktivismus verkommt die Herrschaft der szientistischen Experten zum Priestertum. Natürlich will heute in säkularen Kreisen niemand mehr Priester sein, ist es der Experte auch nicht. Allerdings ist sein Diskurs metaphysisch und ähnelt dadurch dem priesterlichen.

---

[1] Jacques Derrida, Politik der Freundschaft (1994), Frankfurt/M. 2002, 161
[2] Ebd., 162

13. DIE SPRACHE IM RADIKALEN KONSTRUKTIVISMUS

Die Sprache spielt im radikalen Konstruktivismus keine derart herausragende Rolle wie bei Wittgenstein, Derrida und Lyotard. Aber natürlich ist sie wichtig und man hat eingesehen, dass das Problem der Erkennbarkeit einer vorliegenden Welt auch wesentlich ein Sprachproblem ist. Eine feste Bedeutung von Sprache, die mit bestimmten Gegenständen verknüpft wird, wie es Francis Bacon forderte und wie es sich der junge Wittgenstein vorstellte, erscheint radikalen Konstruktivisten indes als eine essentielle Verknüpfung mit metaphysischem Charakter. So schreibt von Glasersfeld: „In solchen Fällen werden die Schwierigkeiten oft unüberwindlich, wenn die Gesprächspartner überzeugt sind, dass die Bedeutungen der von ihnen benützten Wörter feste Entitäten sind, die zu einer für alle Sprecher gleichen objektiven Welt gehören, die als solche unabhängig von der Sprache existiert."[1] Ein neopositivistisches Sprachverständnis führt nicht in den Konsens, sondern gerade in den unendlichen Dissens.

So kritisiert von Glasersfeld auch explizit die Bildtheorie des jungen Wittgenstein in seinem Jugendwerk *Tractatus logico-philosophicus*, nach der die Sprache die Welt genauso richtig zeigt wie ein Bild, so dass das Bild zwischen Sprache und Welt als Vermittlung fungiert. Von Glasersfeld berichtet: „Urplötzlich wurde mir klar, dass dieser Vergleich unmöglich war. Um ihn durchzuführen, müsste man unmittelbaren Zugang

---

[1] Ernst von Glasersfeld, Radikaler Konstruktivismus – Ideen, Ergebnisse, Probleme (1995), Frankfurt/M. 1997, 233

zu einer Realität haben, die jenseits der eigenen Erfahrung liegt und von den eigenen ‚Bildern' und ihren sprachlichen Darstellungen unberührt bleibt."[1] In Platons Himmel der Ideen präsentieren sich die richtigen Bilder als wahre Welt der Dinge an sich, zu denen Platons Urbilder mutieren müssten bzw. sie müssten mit einer äußeren unabhängigen Wirklichkeit identisch sein. Die Metapher, die Platon dafür wählt, ist ja auch die erfahrbare Realität, wenn der Höhlenbewohner aus der Höhle und in das Licht der Sonne tritt. Selbst wenn man den Zugang zur äußeren Wirklichkeit attestierte, Worte und Bildobjekte bleiben immer noch etwas anderes als Bildreferenten. Eine Differenz besteht, gleichgültig ob es sich dabei um ein Repräsentationsverhältnis oder um Ähnlichkeit handelt.

Von Glasersfeld weist noch auf eine andere Schwierigkeit hin, mit der sich der Vergleich des jungen Wittgensteins von Bild und Sprache konfrontiert sieht, der erst durch Photographie als möglich erscheint. Von Glasersfeld schreibt: „Die naive Metapher der fotografischen Kamera schien das Feld zu beherrschen, ungeachtet der Tatsache, dass nicht nur die Szene vor der Kamera, sondern auch das Bild, das von der Kamera erzeugt wird, offensichtlich Produkte eben derjenigen visuellen Prozesse waren, die untersucht werden sollten."[2] Kein Foto, das praktisch immer zentralperspektivisch seine Bildobjekte darstellt, präsentiert diese, wie sie sind, sondern notorisch verzerrt, was selbstredend auch für das Spiegelbild gilt.

Für Lambert Wiesing kann man mit einem zentralperspektivischen Bild dagegen etwas am Bildobjekt zeigen, was man am Bildreferenten unter den Umständen der Fotografie sehen kann. So vermittelt das zentralperspektivische Bild für Wiesing doch zwischen Sprache und Welt. Er schreibt: „Zentralperspektive ist – bei richtiger Verwendung – ein hoch erfolgreiches Mittel zur Generierung von wahren Aussagen über das Aussehen von Dingen, die man nicht selbst sieht – und wie diese

---

[1] Ernst von Glasersfeld, Radikaler Konstruktivismus (1995), 26
[2] Ebd., 36

Bilder selbst aussehen, kann keine Konvention sein, weil es keine andere Regel gibt, mit denen sich für diesen Zweck genauso erfolgreiche Zeigzeuge herstellen ließen."[1] Abgesehen von den technischen Differenzen zwischen Bildobjekt und Bildreferent kann das nur bedeuten, dass man zwischen dem wahrgenommenen Gegenstand und dem wahrgenommenen Bildobjekt eine Beziehung herzustellen vermag, die von einer äußeren Wirklichkeit künden soll. Wie weit das unter solchen technischen Bedingungen gelingt, darf man bezweifeln.

Von Glasersfeld hat aber auch Wittgensteins Begriff des Sprachspiels richtig verstanden, wenn er schreibt: „Der Ausdruck ‚Sprachspiel' ist zu einem Schlagwort geworden. Zusammen mit Wittgensteins Behauptung, dass die Bedeutung eines Wortes sein Gebrauch in der Sprache sei, hat er viele dazu verführt, Sprache als eine objektive Entität anzusehen, die von allen Mitgliedern einer Gesellschaft geteilt wird. Das ist aus meiner Sicht eine Fehlinterpretation."[2] Wittgenstein konzentriert sich auf die Sprache ähnlich wie de Saussure. Es gibt für Wittgenstein auch keine Privatsprache. Aber sie stabilisiert keinesfalls die zwischenmenschlichen Beziehungen und lässt sich schon gar nicht dekretieren und reglementieren. Just um solche Regulierungen geht es aber dem Szientismus, der Wittgenstein in dieser Hinsicht entschlossen fehlinterpretiert.

Das bestätigt die Äußerung des KI-Sprachmodells Chat-GPT-4 von OpenAI, das Mitte 2024 für die Öffentlichkeit freigeschaltet wurde, auf Hans-Peter Strickers Aufforderung: „Fasse Wittgensteins *Philosophische Untersuchungen* zusammen." Denn ChatGPT-4 antwortet: „Ludwig Wittgenstein *Philosophische Untersuchungen* ist ein zentrales Werk der analytischen Philosophie, das sich mit der Bedeutung von Sprache und deren Rolle im Verständnis der Welt befasst. Hier ist eine Zusammenfassung: 1. Wittgenstein argumentiert, dass die Bedeutung der Wörter aus ihrem Gebrauch in der Sprache

---

[1] Lambert Wiesing, Sehen lassen – Die Praxis des Zeigens, Berlin 2013, 155
[2] Ernst von Glasersfeld, Radikaler Konstruktivismus (1995), 217

entsteht, was bedeutet, dass Sprache eng mit den Handlungen und Lebensformen verknüpft ist, in denen sie verwendet wird. 2. Er kritisiert die Vorstellung von Sprache als ein Medium, das Gedanken und Tatsachen der Welt einfach abbildet, und betont stattdessen, dass Sprachspiele die Grundlage unseres Verständnisses und unserer Kommunikation bilden. 3. Durch die Analyse alltäglicher Sprachgebrauchssituationen zeigt Wittgenstein, dass philosophische Probleme oft Missverständnisse über die Funktion der Sprache sind und durch eine klare Analyse des Sprachgebrauchs aufgelöst werden können."[1]

Doch die *Philosophischen Untersuchungen* gehören ganz und gar nicht zur analytischen Philosophie, vertritt Wittgenstein ein Sprachverständnis, das Lyotard postmodern weiterentwickelt und auch im radikalen Konstruktivismus reflektiert wird. Erstens gehört die Sprache zwar zu den Lebensformen, ist aber wie diese keineswegs regelgeleitet. Zweitens sind Sprachspiele Modelle, mit denen man zeigen kann, wie Sprache funktioniert, nicht aber begründen. Drittens folgt daraus, dass man philosophische Probleme durch Sprachspiele gerade nicht auflösen kann, haben sie nicht mit einer klaren Analyse des Sprachgebrauchs zu tun, sondern mit dessen Unschärfen, denen Wittgenstein mit Sprachspielen nachspürt.

Wieso produziert ChatGPT-4 solchen Unsinn? Nun, Sprachmodelle werden mit den Materialien gefüttert, die sich im Internet befinden und dieses wird natürlich von der mächtigsten philosophischen Strömung, der sprachanalytischen Philosophie in ihrem Sinne geprägt, was keinen Vorwurf bedeutet, sich vielmehr von selbst versteht. Doch dadurch zeigt sich, dass KI gar nicht neutral sein kann und schon gar nicht eine abgewogene Antwort liefern kann. Die Sprache ist, wie es von Glasersfeld ausdrückt, keine Grundlage einer objektiven Erfassung der Welt, sondern für Wittgenstein von der jeweili-

---

[1] Hans-Peter Stricker, Sprachmodelle verstehen – Chatbots und generative KI im Zusammenhang, Berlin 2024, 60

gen Situation abhängig und keineswegs von festen Regeln geleitet.

So stimmt von Glasersfeld Wittgenstein zumindest eingeschränkt zu: „Die Begriffe des Sprachspiels und der Bedeutung als Gebrauch bieten eine durchaus viable Beschreibung sprachlicher Interaktionen, sie erklären jedoch nicht, wie der individuelle Sprachbenutzer zu einem kompetenten Mitspieler wird."[1] Man darf freilich bezweifeln, ob Wittgenstein die Singularität und Ereignishaftigkeit der Sprache überwinden wollte, seine Interpreten von der analytischen Philosophie schon und legen ihn dementsprechend aus. Das sieht auch von Glasersfeld ähnlich, wenn er ergänzt: „In diesem Sinne ist es der Sprachgebrauch der Benutzer, der Wörter lebendig werden lässt, aber um sie zu benutzen, braucht man weder die Mitmenschen noch eine soziale Situation."[2] Doch für Wittgenstein gibt es keine Privatsprache. Stattdessen erscheint das lebendige Sprechen eingebettet in zwischenmenschliche Beziehungen. Freilich lassen sich diese nicht allgemein reglementieren, so wenig wie die Sprache selbst.

Dabei folgt von Glasersfeld Wittgensteins Position nicht ganz. Für ersteren steht die Koordination zwischen den Sprechenden im Vordergrund, die sich für Wittgenstein aus der Sprachpraxis ergibt. Die Sprechenden verstehen sich gegenseitig, so dass sie sich für von Glasersfeld nicht völlig fremd bleiben, nicht in einem Sprachspiel verfangen sind, das nicht auf die Lebenswelt der anderen Menschen verweisen würde. Doch das schränkt von Glasersfeld andererseits auch ein: „Die Sprache öffnet uns zwar ein nicht ganz durchsichtiges Fenster auf die Abstraktionen und Re-Präsentationen, die individuelle Sprecher aus ihrer Erfahrungswirklichkeit gewinnen, doch dieses Fenster eröffnet uns keine Aussicht auf die ontologische

---

[1] Ernst von Glasersfeld, Radikaler Konstruktivismus (1995), 219
[2] Ebd., 220

Realität einer von uns unabhängigen Welt, wie die Philosophen der sprachanalytischen Richtung hofften."[1]

Von Glasersfeld wendet sich gegen deren Interpretation von Wittgensteins Sprachspielbegriff. Doch es geht ihm weniger darum, wie Wittgenstein die Sprache ähnlich wie de Saussure aus der Sprache alleine heraus zu beschreiben, sondern um mentale Vorgänge, die bei der Erzeugung von Begriffen eine wichtige Rolle spielen. Dergleichen stellt eine Konstruktion im Sinn von Giambattista Vico dar, was wiederum Wittgensteins Problem nicht ist. Diesem geht es nicht um die Konstruktion von Begriffen, bei der mentale Vorgänge eine Rolle spielen sondern um die Beschreibung sprachlicher Vorgänge, indem man solche Vorgänge auf verschiedene Weise durchspielt.

Dagegen insistiert von Glasersfeld in stärkerem Maße auf der Verbindung von Sprache und Denken, was sich natürlich nicht auf die naive Vorstellung beschränken darf, die von Glasersfeld folgendermaßen skizziert. „Die Sprache, in der unsere Gedanken formuliert werden müssen, ob Englisch, Deutsch oder irgendeine andere, ist von demselben naiven Realismus geprägt, der das Alltagsleben durchdringt, und auch von den Propheten, die überzeugt waren, den Zugang zur absoluten Realität zu besitzen."[2] Das aber schließt von Glasersfeld ja aus, handelt es sich dabei nur um einen habituellen Schein, auf dem lebensweltliche Praktiken häufig beruhen, zumeist ohne zu reflektieren, dass sich ein solcher Schein nicht erhellen lässt. Allerdings kommt man auch mit Irrtümern durchs Leben und gerade die Wissenschaften verdanken ihre Erfolge zumeist solchen Irrungen.

Jedenfalls schreibt von Glasersfeld: „Da Wissen für den Konstruktivisten nie Bild oder Widerspiegelung der ontischen Wirklichkeit darstellt, sondern stets nur einen möglichen Weg, um zwischen den ‚Gegenständen' durchzukommen, schließt das Finden eines befriedigenden Wegs nie aus, dass da andere

---

[1] Ernst von Glasersfeld, Radikaler Konstruktivismus (1995), 223
[2] Ebd, 50

befriedigende Wege gefunden werden können."[1] Wenn es keinen Zugang zu einer unabhängig vorliegenden, aber erkennbaren Welt gibt, dann hat man auch kein Kriterium, um eine einzig richtige oder gar wahre Erkenntnis auszuzeichnen. Wenn statt dessen viele Vorstellungen von der Wirklichkeit nebeneinander bestehen und miteinander konkurrieren, können sie sich selbst nicht als den einzig richtigen Weg auszeichnen. So kommt auch Maturana zu dem Ergebnis: „In diesem Sinne erzeugen wir ständig kohärente Erfahrungsbereiche, denen wir Objekte, Erklärungen und Realitäten zuordnen, so dass man von *vielen Welten* sprechen darf."[2]

Ähnlich schlüsselt auch von Glasersfeld seine Konzeption auf und betont vor allem, dass Wissen nicht unabhängig vom Menschen existiert, der dieses zu übernehmen hat. Vielmehr entwickelt er sein Wissen selbst und auf unterschiedlichen Wegen. Von Glasersfeld schreibt: „Ich nannte mein eigenes Modell ‚radikal' und formulierte seine beiden Grundprinzipien so: (a) Wissen wird vom denkenden Subjekt nicht passiv aufgenommen, sondern aktiv aufgebaut. (b) Die Funktion der Kognition ist adaptiv und dient der Organisation der Erfahrungswelt, nicht der Entdeckung der ontologischen Realität."[3] Kognition liefert derart eine Struktur, die dem Menschen selbst gar nicht bewusst sein muss, die vielmehr seinen geistigen Aktivitäten inhärent ist.

Das bemerkt auch Varela, wenn er schreibt: „Für Kognitivisten ist Erkenntnis untrennbar mit Intentionalität (Repräsentation) verknüpft, aber nicht unbedingt mit Bewusstsein."[4] Erkenntnis baut sich geistig auf. Doch dabei bleibt dem Menschen dieser Aufbau zumeist verborgen: Der Zeitgenossin ist nicht bewusst, dass ihre Erfassung von Wirklichkeit von ihrer

---

[1] von Glasersfeld, Konstruktion der Wirklichkeit des Begriffs der Objektivität (1992); in: Gumin, Meier (Hrsg.), Einführung in den Konstruktivismus, 32
[2] Humberto Maturana, Was ist Erkennen? (1992), München, Zürich 1994, 54
[3] Ernst von Glasersfeld, Radikaler Konstruktivismus (1995), 48
[4] Francisco J. Varela, Ethisches Können (1992), Frankfurt, New York 1994, 45

Kognition abhängig ist und nicht von der vermeintlichen Umwelt. Nicht nur dass das erschwert, ein Selbstbewusstsein und dessen Rolle zu erfassen. Dem Menschen wird eine Vorstellung von Umwelt so konstruiert, dass ihm diese als äußerlich gegeben erscheint und nicht als innerliches Produkt. So schreibt Varela: „Die Herausforderung des Kognitivismus besteht nicht einfach in der Behauptung, dass das Selbst nirgends zu finden ist, sondern in dem viel weiterreichenden Anspruch, dass das Selbst für das Erkennen noch nicht einmal nötig ist."[1]

Um so weniger muss es verwundern, wenn die großen Erzählungen vehement die Richtigkeit der eigenen Metaphysik propagieren und jene, die das nicht anerkennen, als Häretiker – wie die Heilige Inquisition –, als Faktenleugner – wie der Szientismus –, als Verschwörungstheoretiker – wie Politik, die sich vom Ideologieverdacht oder von jenem, ökonomische Interessen zu vertreten, befreien will – und solche Kritikerinnen damit schlicht als bösartig diskriminieren, die man mit allen Mitteln bekämpfen darf, weil sie andere auf Abwege bringen könnten und damit die Sicherheit der ganzen Herde beeinträchtigen – man denke an die Corona-Politik oder Carl Schmitts Forderung, dass die Untertanen den vom Souverän bestimmten Feind auch als den ihren anerkennen müssen, stellen sie sich im anderen Fall auf die Seite der Feinde und dürfen wie diese bekämpft, wie im Krieg, eben im Bürgerkrieg getötet werden. So schreibt Maturana: „Überhaupt muss ‚die Realität' heute häufig genug als Gewaltmotiv herhalten, was diesen Gedanken zusätzlich eine traurige Aktualität verleiht. Da *die* wahre oder objektive Realität als Grundlage der Sinngebung dienen soll, können wir erbittert über sie streiten."[2]

Wenn es eine äußere unabhängig vorliegende Welt gibt, dann muss man sich ihr anpassen. Dann gilt das auch für jegliches Handeln, auch das ethische Handeln. Nur wenn man be-

---

[1] Francisco J. Varela, Ethisches Können (1992), Frankfurt, New York 1994, 46
[2] Humberto Maturana, Was ist Erkennen? (1992), München, Zürich 1994, 47

stimmten Regeln folgt, dann kann das gelingen, was wiederum große Erzählungen motiviert, dergleichen von den Menschen zu verlangen, wollen diese nicht die natürliche Ordnung stören. Über den Konfuzianer Meng-tzu, der im vierten Jahrhundert vor Christus lebte, schreibt Varela dagegen: „Insbesondere wendet er sich gegen die Vorstellung, die seinerzeit vom Mohismus vertreten wurde (und die (...) auch im ethischen Denken des Westens gegenwärtig ist), dass ethisches Urteilen hauptsächlich in der Anwendung von Regeln und Prinzipien bestehe. Für Meng-tzu werden Regeln den Menschen erst nach sorgfältiger Reflexion ersichtlich oder wenn die Situation sie zu einer Beurteilung zwingt."[1]

Für Wittgenstein kann man Regeln gar nicht befolgen, weil man dafür wiederum einer Regel bedürfte und ansonsten in einen unendlichen Regelregress geriete. Mit Regeln kann man aber das Handeln versuchen zu verstehen, indem man es hinsichtlich einer befolgten Regel interpretiert und diese implizite dadurch explizit macht, wie es Robert B. Brandom 1994 mit seinem Buchtitel *Making it explicit* formuliert. Er schreibt: „Unsere Einstellungen und Handlungen zeigen einen verstehbaren Inhalt, der erfasst oder begriffen werden kann, indem er in ein Netz von Gründen eingefügt, indem er inferentiell gegliedert wird. Verstehen in diesem ausgezeichneten Sinne ist das Begreifen von Gründen, das Beherrschen der Richtigkeiten des theoretischen und praktischen *Folgerns* (der *Inferenz*)."[2]

Davon würde sich von Glasersfeld zumindest teilweise abgrenzen, wenn dieses von Brandom angeführte Netz auf Übereinstimmung hinauszulaufen scheint. Verstehen erscheint für von Glasersfeld dagegen beschränkter. Er schreibt: „Wir müssen stattdessen annehmen, dass Verstehen immer eine Sache des Zusammenpassens und nicht des Übereinstimmens ist."[3]

---

[1] Francisco J. Varela, Ethisches Können (1992), Frankfurt, New York 1994, 33
[2] Robert B. Brandom, Expressive Vernunft (1994: Making it explicit), Frankfurt/M. 2000, 37
[3] Ernst von Glasersfeld, Radikaler Konstruktivismus (1995), 230

So geht es hermeneutisch darum, den Sinn eines Sprechaktes zu verstehen, nicht diesem zuzustimmen. Übereinstimmung bleibt höchstens ein Sonderfall des Verstehens. Der primäre Sinn ist für von Glasersfeld ein anderer, wenn er schreibt: „Verstehen, was jemand gesagt oder geschrieben hat, bedeutet nicht mehr, aber auch nicht weniger, als dass man auf Grund eines sprachlichen Austauschs eine begriffliche Struktur aufgebaut hat, die in dem gegebenen Zusammenhang als kompatibel mit dem betrachtet wird, was der Sprecher offenbar gemeint hat."[1]

---

[1] Ernst von Glasersfeld, Radikaler Konstruktivismus – Ideen, Ergebnisse, Probleme (1995), Frankfurt/M. 1997, 232

14. HERMENEUTIK ALS SCHWACHES DENKEN: GIANNI VATTIMO

Die hermeneutische Frage nach dem Verstehen spielt bei Foucault eine wichtige Rolle, aber nicht unbedingt eine zentrale, die sein Denken als primär hermeneutisch ausweisen würde. Ansonsten bewegt sich der französische Poststrukturalismus eher auf sprachphilosophischen Pfaden, wenn man Derridas Grammatologie der Sprachphilosophie zuordnet. Für Lyotard gilt das allemal, wenn er direkt Wittgensteins Sprachphilosophie fortschreibt.

Aber es gibt einen wichtigen Vertreter der Postmoderne, der sich im Anschluss an Nietzsche, Heidegger und Gadamer auf die Hermeneutik stützt, nämlich den Turiner Philosophen Gianni Vattimo, der die italienische hermeneutische Tradition von Luigi Pareyson fortschreibt.

Er greift dabei vor allem auf Nietzsches Hinterfragung einer objektiven Wahrheit über eine unabhängige erfassbare Außenwelt zurück, die diese als solche zur Illusion erklärt. Vattimo schreibt 1994: „Die ‚wahre Welt', die zur Fabel wird (wie es in der Überschrift zu einem berühmten Kapitel aus >Nietzsches< *Götzen-Dämmerung* heißt), überlässt ihren Platz keineswegs einer tieferen glaubwürdigeren Wahrheit; sie überlässt ihn dem Spiel der Interpretationen, das sich philosophisch auch seinerseits nur als eine Interpretation präsentiert."[1] Es gibt nur Interpretationen und keine richtige Interpretation, entwerfen Menschen unterschiedliche Weltverständnisse, die auch

---

[1] Gianni Vattimo, Jenseits der Interpretation – Die Bedeutung der Hermeneutik für die Philosophie (1994), Frankfurt, New York 1997, 22

durch keine wissenschaftlichen Erkenntnisse hintergangen werden können, die ebenfalls Interpretationen sind, wie es das Scheitern von analytischer Philosophie und neopositivistischer Wissenschaftstheorie gezeigt hat, die Einheit von Sprache und materieller sprachunabhängiger Welt zu beweisen. Diese Einsicht in den hermeneutischen Charakter aller Welterklärungen ist selbst eine Interpretation neben allen anderen. Sie kann keine hermeneutische Metatheorie darstellen, die es aus logischen Gründen nicht geben kann. Vattimo schreibt: „Die Hermeneutik ist selbst ‚nur Interpretation'. Sie stützt ihre Geltungsansprüche nicht auf einen angeblichen Zugang zu den Dingen selbst."[1]

Zudem schließt Vattimo an Heidegger an, der sich in seiner Abkehr vom Programm von *Sein und Zeit* Mitte der dreißiger Jahre von der Idee der Eigentlichkeit verabschiedet, die noch einen Bezug zu einer richtigen, wahren Lebensform beherbergt. So bemerkt Vattimo 1980: „Es ist bezeichnend, dass Heidegger von (...) (1936) an nicht mehr von *der* Welt (...), sondern von *einer* Welt spricht und meint, dass man von ihr auch im Plural sprechen könne. Die geschichtlichen Welten sind konkrete Offenheiten, konkrete und je verschiedene Bedeutungszusammenhänge, Sprachen, in denen die Dinge zum Sein kommen (...)."[2] Also liegt für Heidegger eben weder eine richtige Welt vor noch eine wahre Wirklichkeit. Alle diese sind abhängig von den verschiedenen Sprachen und lassen sich somit auch nicht vereinheitlichen. Sprachen sowie sprachliche Unterstellungen und Vorannahmen – Prämissen – prägen die jeweiligen Welt- und Wirklichkeitsverständnisse, nicht eine vermeintlich vorliegende Welt. Die Ontologie erhält dadurch einen hermeneutischen Charakter, wie ihn Heidegger und Gadamer als hermeneutische Ontologie vorführen.

---

[1] Gianni Vattimo, Jenseits der Interpretation (1994), 155
[2] Gianni Vattimo, Jenseits vom Subjekt – Nietzsche, Heidegger und die Hermeneutik (1980), Wien 1986, 97

Aber gerade deshalb, weil dem so ist, versuchen die szientistischen Wissenschaften und Philosophien die Sprache trotzdem zu vereinheitlichen und dabei so zu tun, als wäre das ontologisch beispielsweise durch Empirie abgesichert – nachdem die Logik dazu ja offensichtlich nicht ausreicht. Im Grunde verlängern die modernen Wissenschaften mit ihrer Auffassung, die wahre Welt zu erfassen, theologische Vorstellungen seit der Patristik. Ja, die modernen Wissenschaften halten seit ihren Anfängen an dieser Einbildung fest und behaupten wie jede Ideologie oder Religion, die wahre Welt jetzt endlich richtig zu erfassen, wie es das Christentum von seinen Anfängen bis etwa 1700 behauptet, den richtigen Gott anzubeten und damit über die Wahrheit der Welt zu verfügen – was die antike Götterwelt, erheblich menschenfreundlicher, nicht von sich behauptete. Leibniz wird um 1700 dem Christentum empfehlen, seine Ontologie aufzulassen, um sich in eine Ethik zu transformieren.

Jedenfalls erleiden die modernen Wissenschaften dasselbe Schicksal wie die Religionen bzw. halten ihre Vertreter an der metaphysischen Wahrheitsvorstellung fest. Kann man diese entbehren? Die analytische Philosophie wird diese Frage verneinen, Habermas wahrscheinlich auch. Für Vattimo dagegen muss man auf eine solche Wahrheitsvorstellung verzichten; denn er schreibt: „Der Glaube an die Überlegenheit der Wahrheit über die Unwahrheit oder den Irrtum ist ein Glaube, der sich in bestimmten Lebenssituationen durchgesetzt hat (. . .) und der sich andererseits auf die Überzeugung gründet, der Mensch könne die Dinge ‚an sich' erkennen, was sich jedoch als unmöglich herausstellt, (. . .). Durch diese ‚Entdeckung' (. . .) – löst sich der Begriff der Wahrheit selbst auf. Oder, was das gleiche ist: Gott ‚stirbt', getötet von der Religiosität, von dem Willen zur Wahrheit, den seine Gläubigen immer gepflegt haben und der sie jetzt dazu führt, auch ihn als einen Irrtum zu erkennen, den man fortan entbehren kann."[1]

---

[1] Gianni Vattimo, Das Ende der Moderne (1985), Stuttgart 1990, 181

Die Einsicht in den fabelhaften Charakter der wahren Welt nennt Nietzsche Nihilismus, ein Name, der für diesen positiv, nicht negativ konnotiert ist. Für einen Nihilisten gibt es weder einen Grund zur Mission noch ein Motiv andere zu unterdrücken. So hofft Vattimo auf eine Verminderung von Gewalt durch den Nihilismus: „Wenn wir mit der Übernahme des nihilistischen Geschicks unserer Epoche zur Kenntnis nehmen, dass wir über kein letztes Fundament verfügen, wird jede mögliche Legitimation des gewaltsamen Übergriffs gegenüber dem Anderen aufgehoben."[1] Genau deswegen hat der Nihilismus einen weit verbreiteten schlechten Ruf.

Der Nihilismus verdankt sich nicht der Böswilligkeit von Zeitgenossinnen, sondern dem Streben nach Wahrheit im Christentum und in den modernen Wissenschaften. Das führte zur Einsicht in den fabelhaften Charakter der wahren Welt, durch den die Menschen nicht eingebunden werden in gemeinsame Weltvorstellungen, eben in die vermeintlich wahre Welt. Der Nihilismus baut dagegen solche Bestrebungen ab. So schreibt Vattimo: „Es gibt keine enge Verwandtschaft zwischen Nihilismus und Gewalt; ja, sehr wahrscheinlich hat der Nihilismus sogar, auch wenn man dies nicht ohne weiteres Nietzsche zuschreiben kann, die Auflösung der Gründe zur Folge, durch die sich die Gewalt rechtfertigt und nährt."[2]

Durch den Nihilismus löst sich nicht nur der missionarische Geist auf, der Religionen und politische Herrschaften beseelt, sondern ein Wirklichkeitsverständnis, das Religionen und Wissenschaften antreibt. „Anstatt auf die Auflösung des Realitätsprinzips mit dem Versuch zu reagieren, Sicherheit gebende und zugleich auf Bestrafung zielende Identitäten und Zugehörigkeiten zurückzugewinnen, geht es darum, den Nihilismus als Chance zur Emanzipation zu begreifen."[3] Die Anspielung auf

---

[1] Gianni Vattimo, Gedanken zur Ethik; in: Schönherr-Mann (Hrsg.), Hermeneutik als Ethik, München 2004, 178
[2] Gianni Vattimo, Jenseits der Interpretation (1994), 50
[3] Ebd., 65

Freuds Realitätsprinzip, das der Nihilismus zusammen mit den Sicherheitsbedürfnissen zersetzt, verabschiedet nicht nur ein weit verbreitetes Selbstverständnis im 20. Jahrhundert – die Psychoanalyse als Stabilisierung von künstlichen Identitäten –, vielmehr ebnet das den Weg in ein emanzipatorisches Denken, dem es nicht um die Emanzipation von Nation und Klasse geht, sondern der vielen verschiedenen Lebensformen, die sich nun endlich öffentlich präsentieren dürfen und sich nicht mehr verstecken müssen.

Für viele Menschen erscheint das indes nicht einfach zu sein, leben sie offenbar lieber in einer Illusion, die Politik und Wissenschaften pflegen, um sich ihrer jeweiligen Gefolgschaft zu versichern. Dagegen stellt sich für Vattimo damit folgende Frage: „Es geht immer darum zu erfahren, ob wir in der Lage sind, in einer Welt, in der ‚Gott tot ist', ohne Neurosen zu leben, in der sozusagen klar geworden ist, dass es keine festen, gesicherten, wesentlichen Strukturen, sondern im Grund nur Justierungen gibt."[1] An die Stelle der Neurosen könnte heute die Depression getreten sein, wenn man einen Verlust einer kindlichen Welt mit einer festen Ordnung erleidet, sich davon aber gar nicht emanzipieren will. Für Vattimo ist der Glaube an die objektive Wahrheit einer der stärksten Motive für Krieg und Gewalt. Ein solcher Glaube legitimiert den Gläubigen, Ungläubigen mit Gewalt zu begegnen. Ja, der Gläubige begreift das häufig als seine Pflicht, für die er sich sogar selbst opfert.

Wenn die wahre Welt dagegen zur Fabel geworden ist, dann entfallen sowohl Motiv wie Legitimation für Gewaltanwendung. In einer Welt, in der es selbstverständlich erscheint, dass verschiedene Weltbilder nebeneinander bestehen – und damit auch verschiedene Lebensformen –, gibt es eigentlich nicht mal mehr einen Grund, andere vom eigenen Weltbild zu überzeugen, jedenfalls keinen hermeneutischen, höchstens materielle Gründe, die freilich großes Gewicht erlangen kön-

---

[1] Gianni Vattimo, Jenseits vom Subjekt (1980), 34

nen, wenn man von anderen Solidarität verlangt, die sich indes nicht von selbst versteht – man denke nur an die Klima-Debatte. Lebensformen wie andere als heterosexuelle Orientierungen lassen sich nicht angleichen und werden daher von Totalitären unterdrückt.

Man könnte den Nihilismus als einen sozialen Auflösungsprozess begreifen, der die Gesellschaft zersetzt und damit der Demokratie Schwierigkeiten bereitet, wenn man diese auf Vorstellungen von Einheit gründet. Dem hält Vattimo entgegen: „Dieser Befreiungsprozess der Differenzen (. . .) bedeutet nicht notwendigerweise das Aufgeben jeder Ordnung, die rohe Manifestation der Unmittelbarkeit: auch die Dialekte haben eine eigene Grammatik und Syntax, die sie überhaupt erst dann offenbaren, wenn sie Würde und Sichtbarkeit erlangen. Die Befreiung der Verschiedenheiten ist ein Akt, mit dem sie ‚das Wort ergreifen', sich darstellen, sich also ‚eine Form geben', um sich Anerkennung zu verschaffen; sozusagen alles andere als die rohe Manifestation der Unmittelbarkeit."[1] Im Denken von nationaler oder klassenmäßiger Einheit dürfen Minderheiten welcher Art auch immer keine Rolle spielen. Sie werden als unmoralisch, klassenfeindlich, häretisch und abweichlerisch disqualifiziert. Dagegen stellen sie für Vattimo als differentielle gerade die Vielfalt und Individualität dar, die eine andere Ethik als eine universelle einheitliche vertreten.

Für Vattimo verdankt sich dergleichen Einheitsdenken einer metaphysischen Ontologie, die von sich behauptet, die richtige Einsicht in das Sein zu besitzen. Doch seit Descartes und Kant verliert ein solches Seinsverständnis zunehmend an starken Strukturen, die nur noch metaphysisch, religiös oder ideologisch propagiert werden können, aber weder philosophisch noch wissenschaftlich begründbar sind. Das nennt Vattimo einen Prozess der Schwächungen der ehemals starken metaphysischen Strukturen des Seins, das nur noch als ein schwaches gedacht werden kann. Ein schwaches Seinsver-

---

[1] Gianni Vattimo, Die transparente Gesellschaft (1989), Wien 1992, 21

ständnis, so Vattimo, „ist das Gegenteil der metaphysischen Auffassung des Seins als Stabilität, Stärke, *energeia*; es ist ein *schwaches*, untergehendes Sein, das sich im Entschwinden entfaltet, . .."[1]

Daher erklärt Vattimo das Denken selbst als schwach, dem sich eine Gruppe von Intellektuellen – unter ihnen Umberto Eco – 1983 im programmatischen Sammelband *Il pensiero debole* angeschlossen hat. Im Beitrag von Vattimo heißt es: „Das schwache Denken, (. . .) steht mit der Dialektik und der Differenz in einer Beziehung, die nicht grundsätzlich oder ausschließlich eine ‚Überwindung' darstellt, sondern die sich vor allem durch den heideggerschen Begriff der *Verwindung* bestimmt. Dieser Begriff wird nur verständlich innerhalb einer ‚schwachen' Perspektive dessen, was Denken bedeutet. Man kann allerdings das Verhältnis zwischen diesen drei Begriffen nicht als einen Weg oder Übergang vom einen zum anderen lesen: Das schwache Denken lässt die Dialektik oder das Denken der Differenz nicht einfach hinter sich; diese konstituieren für es vielmehr eine Vergangenheit im Sinn von Heideggers *Gewesenem*, das eng mit der Sendung und dem Geschick verbunden ist."[2] Vattimo denkt damit historischer in einem traditionellen Sinn als Foucault, der solche Kontinuitäten, Sendungen oder Geschicklichkeiten nicht sieht. Das schwache Denken positioniert sich dagegen stärker in Traditionen stehend.

Doch ähnlich wie bei Foucault wird für Vattimo das Sein Ereignis, hat sich das Sein entsprechend ‚geschickt' entfaltet und daher sieht sich Vattimo den Traditionen verpflichtet. Er schreibt: „Wenn das Sein nicht ist, sondern sich schickt, ist das Denken des Seins nichts anderes als das Andenken dessen, was gesagt und gedacht worden ist; solches Andenken, das das

---

[1] Gianni Vattimo, Das Ende der Moderne (1985), Stuttgart 1990, 129
[2] Gianni Vattimo, Dialektik, Differenz, schwaches Denken (1983); in: Schönherr-Mann (Hrsg.), Ethik des Denkens, München 2000, 79; Original: Dialettica, differenza, pensiero debole; in: Gianni Vattimo, Pier Aldo Rovatti (Hrsg.), Il pensiero debole (1983), 3. Aufl. Milano 1985

authentische Denken ist (da das wissenschaftliche Messen und das technische Organisieren kein Denken ist), kann sich nicht der Logik der Verifikation und der Strenge des Beweises bedienen, sondern nur des alten, eminent ästhetischen Instruments der Intuition."[1] So will er keinen revolutionären Weg des Denken gehen – sowenig wie Poststrukturalismus und Konstruktivismus – also auch keinen technologischen oder szientistischen. Vielmehr fordert er ähnlich wie Walter Benjamin in seinen *Geschichtsphilosophischen Thesen* Pietät gegenüber der Vergangenheit, die man nicht hinter sich lassen soll. In diesem Sinn bemerkt Benjamin: „Der Engel der Geschichte (. . .) möchte wohl verweilen, die Toten wecken und das Zerschlagene zusammenfügen."[2] Und Vattimos Verbeugung vor einer als Sendung oder Geschick verstandenen Geschichte gipfelt in seinem Bekenntnis zum Christentum, wenn er 1996 schreibt: „Die schwache Ontologie <ist> eine Transkription der christlichen Botschaft."[3] Sie verwindet das Christentum, indem das schwache Denken lernt, damit wie mit einer Krankheit zu leben, die man nicht loswird, mit der man sich aber einrichtet.

Denn wenn man dem Gewesenen mit Pietät begegnet und es nicht einfach fortschrittsbesessen hinter sich lässt, kann man sich trotzdem auch nicht einfach traditionell orientieren, womit man zurück in die wahre Wirklichkeit gleiten würde. Zugleich die Hoffnung auf eine bessere Welt nicht aufzugeben und dabei das Geschickliche zu achten, ist schwierig, aber bewältigbar, wie Vattimo propagiert: „Die hier beschriebene Lage ist keineswegs verzweifelt, allerdings nur, wenn wir fähig sind, ihr gegenüber das zu zeigen, was Nietzsche einen ‚guten Charakter' nannte, nämlich das Vermögen, eine schwingende Existenz und die Sterblichkeit zu ertragen."[4] Nicht nur dass es für post-

---

[1] Gianni Vattimo, Dialektik, Differenz, schwaches Denken (1983), 92
[2] Walter Benjamin, Geschichtsphilosophische Thesen (ca. 1940); in: ders., Zur Kritik der Gewalt und andere Aufsätze, Frankfurt/M. 1965, 84
[3] Gianni Vattimo, Glauben Philosophieren (Credere die credere, 1996), Stuttgart 1997, 38
[4] Gianni Vattimo, Jenseits vom Subjekt (1980), 35

modern eingestellte Menschen, für die Gott tot ist, damit keine gemeinsamen obersten Werte mehr gibt so wenig wie die ‚wahre Welt'. Sie spüren keinen festen Boden mehr unter sich, den es ja auch nicht gibt. Sie wissen auch, dass ihr Leben enden wird. „Wird denn dadurch ein Rätsel gelöst, dass ich ewig fortlebe?"[1] fragt Wittgenstein und Bertolt Brecht dichtet „Gegen Verführung": „Ihr sterbt mit allen Tieren / Und es kommt nichts nachher."[2]

Trotzdem ist das schwache Denken keineswegs bescheiden. Irgendwo hallt doch noch die Vergangenheit als eine Art Fortschrittshoffnung nach, wenn Vattimo selbstbewusst über die Hermeneutik schreibt: „Ihre Wahrheit lässt sich ganz in dem Anspruch fassen, die überzeugendste philosophische Interpretation jener Ereignisfolge zu sein, als deren Ergebnis sie sich empfindet."[3] Es ist für Vattimo gemäß der historischen Entwicklung des Denkens eigentlich nicht möglich, anders als nihilistisch, hermeneutisch bzw. im Sinn der Schwäche zu argumentieren. Ist das dann etwa doch noch der Nachklang einer wahren Argumentationswelt, nur nicht ganz so logisch eingenommen wie Habermas?

Jedenfalls macht Erklärung nur noch einen interpretativen Sinn, mehr nicht. Und trotz besserer Argumente mit höchstens einem schwachen zwanglosen Zwang des besseren Arguments – ist der Zwang schwächer geworden, aber dadurch vielleicht überzeugender? – ist es kein Verlust, dass es nur noch um die bessere Interpretation gehen kann. Vattimo dreht daher Marx' berühmte elfte These über Feuerbach um – wiewohl es nicht so aussieht, als stürmen demnächst die schwachen Denker ein Winterpalais, das freilich nicht mehr als Interpretation sein kann – wenn Vattimo programmatisch schreibt: „Wenn wir nicht denken, dass der Übergang von der Metaphysik der Prä-

---

[1] Ludwig Wittgenstein, Tractatus logico-philosophicus (1921), Werke Bd. 1, Frankfurt/M. 1984 (a), Nr. 6.4312, 84
[2] Bertolt Brecht, Hauspostille (1927), Reinbek 1969, 117
[3] Gianni Vattimo, Jenseits der Interpretation (1994), 26

senz zur Ontologie der Herkunft die Korrektur eines Irrtums sei, sondern das Ereignis des Seins selbst, Hinweis auf ein ihm eigenes ‚Geschick', dann ist die durch diese Entwicklung offenbarte Tendenz zur Schwächung (. . .) die Wahrheit von Nietzsches Nihilismus, der eigentliche Sinn des Todes Gottes, das heißt der Auflösung der Wahrheit als endgültiger und ‚objektiver' Evidenz; bisher haben die Philosophen geglaubt, die Welt zu beschreiben, jetzt kommt es darauf an, sie zu interpretieren . . ."[1]

---

[1] Gianni Vattimo, Jenseits der Interpretation – Die Bedeutung der Hermeneutik für die Philosophie (1994), Frankfurt, New York 1997, 31

15. DIE WELT KONSTRUKTIV UNTERGEHEN LASSEN: ENDLICH!

Lieber die Welt neu interpretieren, als sie zu ändern! Das werden Klimaaktivisten und -Expertinnen so wenig wie die Vertreter von Habermas' Konsenstheorie des Politischen gerne lesen – die einen ohne Konsens, lieber mit Diktaten, die anderen lieber mit Konsens, wenn ihre Weisheiten anerkannt werden. Für Heidegger „übersieht man dabei aber, dass eine Weltveränderung eine Änderung der *Weltvorstellung* voraussetzt und dass eine Weltvorstellung nur dadurch zu gewinnen ist, dass man die Welt zureichend *interpretiert.*"[1] Aber damit gerät man wieder in den von Paul Ricœur so benannten „Konflikt der rivalisierenden Hermeneutiken"[2].

Mehr als fraglich bleibt zudem, ob sich Experten und Aktivistinnen von Heidegger und Ricœur wie vom Argument von Glasersfelds bezirzen lassen, wenn dieser schreibt: Der radikale Konstruktivismus „beansprucht nicht mehr zu sein als eine kohärente Denkweise, die helfen soll, mit der prinzipiell unbegreifbaren Welt unserer Erfahrung fertig zu werden und die (. . .) die Verantwortung für alles Tun und Denken dorthin verlegt, wo sie hingehört: in das Individuum nämlich."[3] Wo aber kommt man hin, wenn jeder die Welt nach seinem Belieben interpretiert? Dann lässt sich die Gesellschaft politisch kaum

---
[1] Martin Heidegger im Gespräch mit Richard Wisser (ZDF 24.9.1969); in: Günther Neske, Emil Kettering (Hrsg.), Antwort – Martin Heidegger im Gespräch, Pfullingen 1988, 22
[2] Paul Ricœur, Hermeneutik und Strukturalismus – Der Konflikt der Interpretationen I (1969), München 1973, 30
[3] Ernst von Glasersfeld, Radikaler Konstruktivismus – Ideen, Ergebnisse, Probleme (1995), Frankfurt/M. 1997, 51

noch steuern, was den Vertretern des Universalismus wie den Klimaradikalen als verantwortungslos erscheinen dürfte. Aber dann entheben beide Gruppen die Menschen ihrer Selbstverantwortung, an die Expertinnen und Ideologen sowieso nicht glauben und die für Klimaradikale als solche verantwortungslos ist, würden sie, wenn sie könnten, die Zeitgenossinnen mit Gewalt zwingen, ihr Leben nach den klimaradikalen Vorstellungen zu ändern. Nur die klimaradikalen Experten selbst haben doch umfängliche Einsichten, die nötig sind, wenn die Welt nicht untergehen soll. Die Individuen verfügen darüber nicht, so dass sich seit den Zeiten des Mittelalters wenig geändert hat. Aber während die theologischen Experten natürlich falsch lagen, liegen die wissenschaftlichen Experten wie die Klimaradikalen selbstredend richtig.

Theo Hug sieht die Sachlage vor einem solchen Hintergrund nicht so pessimistisch, wenn er schreibt: „Andererseits sind die verschiedenen Welten nicht aus dem Nichts, sondern jeweils aus anderen Welten generiert. Dabei ist es durchaus möglich, die unterschiedlichen Welten miteinander in Beziehung zu bringen, und zwar nicht durch Rekurs auf eine allem zugrundeliegende Realität, sondern durch Relationierung der als Variationen gedachten Beschreibungen."[1]

Täuscht sich daher Paul Watzlawick, wenn er Normalität und Wahnsinn gleichsetzt, schreibt er doch glatt: „In Indien kann einem als Swami, als Heiliger, vorgestellt werden, wer im Westen als katatoner Schizophrener diagnostiziert würde. Weder die eine noch die andere Einschätzung ist in irgendeinem objektiven Sinne wahr oder wirklich. Die Folgen dieser Einschätzungen aber erschaffen konkrete Resultate persönlicher und gesellschaftlicher Natur."[2] Wie kann für Michel Foucault

---

[1] Theo Hug, Phantome gibt's wirklich – oder? Konzeptionelle Gesprächsangebote zu einem vielgestaltigen Phänomenbereich; in: Ders., Hans-Jörg Walter (Hrsg.), Phantom Wirklichkeit – Pädagogik der Gegenwart, Hohengehren 2002, 33

[2] Paul Watzlawick, Wirklichkeitsanpassung oder angepasste ‚Wirklichkeit'? Konstruktivismus und Psychotherapie (1992); in: Heinz Gumin, Heinrich

der Wahnsinn nur ein Produkt der neuen Medizin in der frühen Neuzeit sein! Verfügt die moderne Psychiatrie nicht über das richtige Wissen! Doch Lea de Gregorio schreibt über die Diagnosen, die ihr in diversen psychiatrischen Kliniken gestellt wurden: „Es ging nicht darum, den Menschen zu verstehen, eher schien es mir darum zu gehen, eine Diagnose und eine ‚Behandlung' zu rechtfertigen."[1] Aber wie kann de Gregorio auch nur annehmen, die Psychiatrie wolle die von ihr Behandelten verstehen! Wie hat dergleichen Watzlawick genannt? „Selbsterfüllende Prophezeiung". Darüber heißt es: „Es handelt sich um Verhaltensformen, die in anderen Menschen Reaktionen auslösen, auf die das betreffende Verhalten eine adäquate Reaktion wäre, wenn sie es nicht selbst bedingt hätte."[2] Das betreiben Experten, die glauben, sie würden die wahre Welt erfassen. Aber darf die Patientin den Experten widersprechen?

Am Ende verstehen die Untertanen die Welt genauso, wie es die Experten wollen und bestätigen diese damit. In der Psychiatrie des 19. Jahrhunderts wurden jene Menschen belohnt, die sich gemäß der Diagnosen verhielten, die ihnen die Psychiater angehängt hatten. Hat sich das bis heute geändert? Wenn man de Gregorio liest, scheint sich wenig geändert zu haben. So gelangt Watzlawick zur selben Einschätzung wie andere Konstruktivisten, wenn er schreibt: „Dabei handelt es sich um die scheinbar selbstverständliche Annahme, dass es eine wirkliche, das heißt objektive, menschenunabhängige Wirklichkeit gibt, deren sich normale Menschen klarer bewusst sind als sogenannte Geistesgestörte. Die Idee einer solchen Wirklichkeit ist philosophisch spätestens seit Hume und Kant unhaltbar; wissenschaftlich ist sie ebenso unhaltbar, seit sich die Einsicht durchgesetzt hat, dass die Aufgabe der Wissenschaft nicht das

---

Meier (Hrsg.), Einführung in den Konstruktivismus, 10. Aufl. München 2010, 90
[1] Paul Watzlawick, Janet H. Beavin, Don D. Jackson, Menschliche Kommunikation – Formen, Störungen, Paradoxien (1967), 7. Aufl. Bern, Stuttgart, Toronto 1985, 95
[2] Lea de Gregorio, Unter Verrückten sage man Du, Berlin 2024, 244

Finden endgültiger Wahrheiten sein kann."[1] Nein, die Wissenschaftler konstruieren sich ihre Welt und weil zum Diskurs auch Maschinen gehören, entsteht dabei jenes ‚stahlharte Gehäuse' der ‚Hörigkeit' Max Webers. Jede Bürgerin muss Technik und Wissenschaft als Mächte anerkennen, denen sie Gehorsam schuldet – und religiöse Dankbarkeit für deren Leistungen.

Freilich wird das heute von Wissenschaften und analytischer Philosophie genauso übergangen wie von ökologischen, linken oder rechten Vordenkern. Alle zusammen haben zwar den Boden unter ihren Füßen verloren. Würden sie das anerkennen, könnten sie nicht mehr überzeugt Kriege führen. Wie schreibt Watzlawick: „Der Irrtum, in dem wir alle versponnen sind, ist aber die Annahme, dass eine einigermaßen passende Wirklichkeitskonstruktion die Gewissheit gäbe, die Welt sei ‚wirklich' so und endgültige Gewissheit und Sicherheit sei damit erreicht. Die möglichen Folgen dieses Irrtums sind schwerwiegend: Sie verleiten uns dazu, alle anderen Wirklichkeitskonstruktionen für falsch zu erklären (und womöglich zu bekämpfen), und sie machen es uns unmöglich, Alternativwirklichkeiten auch nur in Betracht zu ziehen, wenn unser Weltbild anachronistisch wird und daher immer weniger passt."[2]

Dagegen sollte die Schlussfolgerung aus der Unerkennbarkeit der Welt heißen, mit dieser daher umso vorsichtiger umzugehen, was durchaus ökologischen Perspektiven nahezukommen vermag, zugleich aber auch vor Klima- und Umweltexpertisen warnt. Ähnliches ließe sich denn auch für den Ansatz von Foersters bemerken, wenn es diesem darum geht, „(. . .) den Konstruktivismus auf eine Epistemologie zu stützen, die für sich selbst eintreten kann, und darüber hinaus, in der der Epistemologe für seine Epistemologie Rechenschaft abzulegen hat. Das heißt, dass die konstruktivistische Epistemologie Verant-

---

[1] Watzlawick, Wirklichkeitsanpassung oder angepasste ‚Wirklichkeit'? 91
[2] Ebd., 93

wortung impliziert."[1] Dann kann sich der Experte nicht einfach auf sein Wissen berufen. Dann müsste er es primär in Frage stellen, wenn er es proklamieren will. Im Hinblick auf die Ökologie könnte man das negativ nennen[2], vergleichbar mit der negativen Theologie und der negativen Dialektik Adornos, über die dieser schreibt: „Erkenntnis besitzt nicht, wie die Staatspolizei, ein Album ihrer Gegenstände. Vielmehr denkt sie diese in ihrer Vermittlung: sonst bescheide sie sich bei der Deskription der Fassade."[3] Das gilt auch für Ideologen, die sich daran aber bestimmt nicht halten, vielmehr auf diversen Wegen propagieren, das Ganze zu erfassen. Darüber urteilt Adorno: „Geist, der Totalität sein soll, ist ein Nonsens, (. . .)."[4]

Wenn es eine vom Menschen unabhängige, aber einsehbare Natur gibt, dann kann es nur um die Einsicht darein gehen. Der Mensch wäre nur dafür verantwortlich, sich darum zu bemühen. Aus dieser Einsicht ergibt sich dann notwendig, was er zu tun hat. Wenn es nur eine richtige Wahrheit gäbe, dann müsste man sich dieser unterwerfen – so auch Vattimo, der das natürlich bestreitet. Alternativen dazu gäbe es nicht mehr und somit auch keine individuelle Verantwortung, Alternativen auszusuchen, die Welt nach individuellen Vorstellungen zu interpretieren. Und soweit es an dieser einzig möglichen richtigen Einsicht in die wahre Welt noch Zweifel gibt, diese zu überwinden, hat Hans Jonas den Klimaaktivisten das entsprechende Argument geliefert, das in deren Kreisen auch rezipiert wird, soll nämlich „das vorgestellte malum die Rolle des erfahrenen malum übernehmen"[5], d.h. nämlich die Drohung einer Klima-

---

[1] Heinz von Foerster, Entdecken oder Erfinden – Wie lässt sich Verstehen verstehen? (1992); in: Heinz Gumin, Heinrich Meier (Hrsg.), Einführung in den Konstruktivismus, 10. Aufl. München 2010, 44
[2] Vgl. Hans-Martin Schönherr(-Mann), Von der Schwierigkeit, Natur zu verstehen – Entwurf einer negativen Ökologie, Frankfurt/M. 1989
[3] Theodor W. Adorno, Negative Dialektik (1966), Frankfurt/M. 1970, 144
[4] Ebd., 197
[5] Hans Jonas, Das Prinzip Verantwortung – Versuch einer Ethik für die technologische Zivilisation (1979), Frankfurt/M. 1984, 64

katastrophe nicht als Prognose, somit als Hypothese, sondern als Faktum zu begreifen, also eine vorgestellte Welt als die Welt an sich zu verstehen.

Dem können der radikale Konstruktivismus wie Poststrukturalismus und Postmodernismus eigentlich nur widersprechen und damit ein Ende der Welt an sich verkünden, einer vorliegenden unabhängigen, aber einsehbaren Welt. Welt ist nur ein Wort! Wirklichkeit auch! Es gibt nur Interpretationen. Um so mehr müsste der radikale Konstruktivismus heute angefeindet werden, mindestens genauso wie die postmoderne Philosophie. Warum das nicht der Fall ist, darüber darf man spekulieren.

Der radikale Konstruktivismus hat seinen Ort primär innerhalb einiger Wissenschaften, wo er so gut begründet ist, dass man ihn nicht einfach widerlegen kann – wäre der Zwang des angeblich besseren Arguments schwerlich zwanglos. Wie konstatiert doch Josef Mitterer hinsichtlich der Pädagogik: „Die Erziehung zur Wahrheit ist immer die Erziehung zur Wahrheit des Erziehers."[1] Und wie das gemeint ist, das kommentiert Theo Hug mit den Worten: „Ähnlich wie Ernst von Glasersfeld bietet Mitterer Gedanken und Konzepte an und versucht nicht, andere zu bekehren oder ein neues Paradogma zu etablieren. Mit seinem Werk und der erfolgreichen Art und Weise, seine Philosophie zu leben, zeigt er fruchtbare Umgangsformen mit der Beziehung zwischen der Erfahrungswirklichkeit und der Wirklichkeitserfahrung."[2] Das klingt weniger radikal als die Kritik des Poststrukturalismus an Politik und Gesellschaft.

Innerhalb dieser Wissenschaften, aus denen die radikalen Konstruktivisten stammen, ist diese Debatte über die Welt an sich auch primär geblieben. Vielleicht möchten denn auch ihre Gegner lieber keine schlafenden Hunde wecken, waren die

---

[1] Josef Mitterer, Die Hure Wahrheit – auch Duerr ein Zuhälter? in: Rolf Gehlen, Bernd Wolf (Hrsg.), Der gläserne Zaun. Aufsätze zu Hans Peter Duerrs ‚Traumzeit', Frankfurt/M. 1983, 273
[2] Theo Hug, Erziehung zur Wahrheit? in: Alexander Riegler, Stefan Weber (Hrsg.), Die Dritte Philosophie. Beiträge zu Josef Mitterers Non-Dualismus. Weilerswist 2010, 250

Vertreter des radikalen Konstruktivismus denn auch weniger medial präsent als jene des Poststrukturalismus. Zudem starb erst 2021 mit Maturana, der letzte Hauptvertreter des radikalen Konstruktivismus. Die wichtigsten Postmodernen starben bereits rings um die Jahrtausendwende und damit endete diese Debatte, so dass ihre Feinde erleichtert aufatmen konnten.

Im Unterschied zum radikalen Konstruktivismus wurde die philosophische Postmoderne-Debatte von Anfang an politisch geführt, nicht zuletzt weil sie von intellektuellen Pariser Stars getragen wurde, die einerseits alle einen marxistischen Migrationshintergrund haben, andererseits aber die moderne Gesellschaft strukturell auch dort hinterfragen, wo sich sozial wie ökologisch Engagierte mit dieser gerade versöhnten, indem sie sich auf die Wissenschaften stützen, die ihnen mit Begeisterung die wahre Welt verkündeten. Damit liefern die Wissenschaften verunsicherten Zeitgenossinnen ein Fundament und stabile Orientierungen – wiewohl dergleichen höchstens naive Wissenschaftler glauben können, die damit ihr eigenes Selbstbewusstsein stabilisieren und andererseits damit gute Geschäfte machen – das darf man natürlich nicht laut sagen, muss man dergleichen vielmehr beschweigen.

Zudem trugen die Poststrukturalisten um so medial präsenter in die Öffentlichkeit, was man sich philosophisch Ende des Jahrhunderts anschickte, geflissentlich zu übergehen, dass nämlich „die ‚wahre Welt' endlich zur Fabel wurde"[1], wie es Nietzsche 1888 formuliert, d.h. definitiv zur Fabel, hatte man doch gerade einsehen müssen, dass man das Verhältnis von Wort und Gegenstand wirklich nicht so lösen kann, dass das Wort die wahre Welt repräsentiert. Darauf, dass der Satz den Sachverhalt adäquat präsentiert, will man sich im Sinn von Habermas bis heute trotzdem stützen, selbst wenn davon nicht mehr als ein vermeintlich demokratisch notwendiges Postulat

---

[1] Friedrich Nietzsche, Götzen-Dämmerung oder Wie man mit dem Hammer philosophiert (1888), KSA Bd. 6, 81

bleibt. Dadurch avancierten die Postmodernen zu den philosophischen Staatsfeinden Nummer Eins.

Trotzdem bleibt eine gewisse Hoffnung, dass jene, die von der wahren Wirklichkeit träumen, wirklich einsehen, dass diese wahre Wirklichkeit aus vielen Wirklichkeiten besteht, wie es nicht die eine Welt geben kann, sondern nur viele. Dann kann es nur darum gehen, nachdem Nietzsches Verdikt noch nicht reicht, die wahre Wirklichkeit zu verabschieden und die eine wahre Welt aufzulassen, wie den einen Gott, das Volk, das Proletariat, die Nation. Vattimo persiflierend sind die Christen mit der Trinität schon ein Stück des Weges gegangen, was es fortzusetzen gilt. Man muss dabei gar nicht notorisch pessimistisch sein. Wie schreibt doch von Glasersfeld: „Naturwissenschaftler und Techniker, sogar Angehörige des Medizinerstandes sind selbstverständlich lernfähig."[1] Wer hätte das gedacht – gerade von letzteren! Nein, es gibt viele selbstkritische Mediziner.

Verglichen mit einer solchen Hoffnung bleiben die radikalen Konstruktivisten fast bescheiden, wiewohl ihre Thesen den lernfähigen wissenschaftlichen Experten umso mehr unter die Haut hätten gehen müssen, dass die Welt konstruktiv längst untergegangen ist bzw. nicht nur die Wissenschaften eben viele verschiedene Welten konstruieren. Wer wie Habermas die wahre Welt noch postuliert, halluziniert sich ein Phantom. Trotzdem war sich Maturana seiner beschränkten Wirkung und der Abhängigkeit von der Rezeption wohl bewusst – weiß man schließlich nie, was der Leser verstehen will –, wenn Maturana feststellt: „ich bin selbst verantwortlich für das, was *ich schreibe* – bloß bin ich nicht verantwortlich für das, was *Sie lesen*."[2]

---

[1] Ernst von Glasersfeld, Die Logik der naturwissenschaftlichen Fehlbarkeit (1987); in: Ders. Wege des Wissens – Konstruktivistische Erkundungen durch unser Denken, 2. Aufl. Heidelberg 2013, 64
[2] Humberto Maturana, Was ist Erkennen? (1992), München, Zürich 1994, 36

Literatur

Günter Abel, Sprache, Zeichen, Interpretation, Frankfurt/M. 1999

Theodor W. Adorno, Negative Dialektik (1966), Frankfurt/M. 1970

Ders., Ästhetische Theorie (1970), Frankfurt/M. 1973

John Langshaw Austin, Zur Theorie der Sprechakte (How to do things with Words (1962 / 1955), Stuttgart 1972

Walter Benjamin, Zur Kritik der Gewalt (1921) und andere Aufsätze, Frankfurt/M. 1965

Ders., Geschichtsphilosophische Thesen (ca. 1940); in: ders., Zur Kritik der Gewalt und andere Aufsätze, Frankfurt/M. 1965

Robert B. Brandom, Expressive Vernunft (1994: Making it explicit), Frankfurt/M. 2000

Bertolt Brecht, Hauspostille (1927), Reinbek 1969

Rudolf Carnap, Scheinprobleme in der Philosophie (1928), Frankfurt/M. 1971

Jacques Derrida, Grammatologie (1967), Frankfurt/M. 1983

Ders., Die différance (1968); in: ders. Randgänge der Philosophie (1972), Wien 1988

Ders., Wie nicht sprechen – Verneinungen (1987), Wien 1989

Ders., Gesetzeskraft – Der ‚mystische Grund der Autorität' (1990), Frankfurt/M. 1991

Ders., Marx' Gespenster – Der Staat der Schuld, die Trauerarbeit und die neue Internationale (1993), Frankfurt/M. 2004

Ders., Politik der Freundschaft (1994), Frankfurt/M. 2002

Ders., Die ‚Welt' der kommenden Aufklärung (Ausnahme, Kalkül und Souveränität); in: ders., Schurken – Zwei Essays über die Vernunft (2003), Frankfurt/M. 2003

Paul Feyerabend, Wider den Methodenzwang – Skizze einer anarchistischen Erkenntnistheorie (1975), Frankfurt/M. 1976

Heinz von Foerster, Entdecken oder Erfinden – Wie lässt sich Verstehen verstehen? (1992); in: Heinz Gumin, Heinrich Meier (Hrsg.), Einführung in den Konstruktivismus, 10. Aufl. München 2010

Michel Foucault, Wahnsinn und Gesellschaft (1961), Frankfurt/M. 1973

Ders., Die Ordnung der Dinge – eine Archäologie der Humanwissenschaften (1966), Frankfurt/M. 1974

Ders., Archäologie des Wissens (1969), 7. Aufl. Frankfurt/M. 1995

Ders., Die Ordnung des Diskurses (1970), Frankfurt/M. 1991

Ders., Nietzsche, die Genealogie, die Historie (1971); in: ders., Von der Subversion des Wissens, Frankfurt/M. 1987

Ders., Überwachen und Strafen – Die Geburt des Gefängnisses (1975), Frankfurt/M 1977

Ders., Geschichte der Gouvernementalität I – Sicherheit, Territorium, Bevölkerung, Vorlesung am Collège de France 1977-1978, Frankfurt/M. 2004

Ders., Geschichte der Gouvernementalität II – Die Geburt der Biopolitik Vorlesung am Collège de France 1978-1979, Frankfurt/M. 2004

Ders.: Die Regierung des Selbst und der anderen, Vorlesung am Collège de France 1982/83 (2008). Frankfurt/M. 2009

Ders., Der Mut zur Wahrheit – Die Regierung des Selbst und der anderen II, Vorlesung am Collège de France 1984 (2009), Frankfurt/M. 2010

Ders., Die Geständnisse des Fleisches – Sexualität und Wahrheit 4 (1984 / 2018), Berlin 2019

Evelyn Fox Keller: Das Jahrhundert des Gens (2000), Frankfurt/M., New York 2001

Galileo Galilei, Il Saggiatore (1623), Le opere di G. Galilei, Firenze 1932

Ernst von Glasersfeld, Die Logik der naturwissenschaftlichen Fehlbarkeit (1987); in: ders., Wege des Wissens – Konstruktivistische Erkundungen durch unser Denken, 2. Aufl. Heidelberg 2013

Ders., Konstruktion der Wirklichkeit des Begriffs der Objektivität (1992); in: Heinz Gumin, Heinrich Meier (Hrsg.), Einführung in den Konstruktivismus, 10. Aufl. München 2010

Ders., Radikaler Konstruktivismus – Ideen, Ergebnisse, Probleme (1995), Frankfurt/M. 1997

Lea de Gregorio, Unter Verrückten sage man Du, Berlin 2024

Jürgen Habermas, Der philosophische Diskurs der Moderne, Frankfurt/M. 1985

Ders., Wahrheit und Rechtfertigung – Zu Richard Rortys pragmatischer Wende; in: ders., Wahrheit und Rechtfertigung – Philosophische Aufsätze, Frankfurt/M. 1999

G.W.F. Hegel, Grundlinien der Philosophie des Rechts (1820), Theorie Werkausgabe Bd. 7, Frankfurt/M. 1970

Martin Heidegger, Sein und Zeit (1927), 16. Aufl. Tübingen 1986

Ders., Was heißt Denken? (1951-52), 4. Aufl. Tübingen 1984

Ders.im Gespräch mit Richard Wisser (ZDF 24.9.1969); in: Günther Neske, Emil Kettering (Hrsg.), Antwort – Martin Heidegger im Gespräch, Pfullingen 1988

Werner Heisenberg, Das Naturbild der heutigen Physik, Hamburg 1955

Ellis Huber, Heilkunst in der postindustriellen Gesellschaft; in: Peter-Alexander Möller (Hrsg.), Verantwortung und Ökonomie in der Heilkunde, Frankfurt/M. 2000

Theo Hug, Phantome gibt's wirklich – oder? Konzeptionelle Gesprächsangebote zu einem vielgestaltigen Phänomenbereich; in: Ders., Hans-Jörg Walter (Hrsg.), Phantom Wirklichkeit – Pädagogik der Gegenwart, Hohengehren 2002

Ders., Erziehung zur Wahrheit? in: Alexander Riegler, Stefan Weber (Hrsg.), Die Dritte Philosophie. Beiträge zu Josef Mitterers Non-Dualismus. Weilerswist 2010

David Hume, Traktat über die menschliche Natur (A Treatise of Human Nature, 1739-1740), Buch I-III, Hamburg 1973

William James, Der Pragmatismus – Ein neuer Name für alte Denkmethoden (1907), 2. Aufl. Hamburg 1994

Hans Joas, Die Macht des Heiligen – Eine Alternative zur Geschichte von der Entzauberung, Berlin 2017

Hans Jonas, Das Prinzip Verantwortung – Versuch einer Ethik für die technologische Zivilisation (1979), Frankfurt/M. 1984

Wilhelm Kamlah, Paul Lorenzen, Logische Propädeutik, Mannheim, Wien, Zürich 1967

Immanuel Kant, Kritik der praktischen Vernunft (1788), Akademie Textausgabe Bd. V, Berlin 1968

Thomas S. Kuhn, Die Struktur wissenschaftlicher Revolutionen (1961), Frankfurt/M. 1973

Emmanuel Lévinas, Totalität und Unendlichkeit – Versuch über Exteriorität (1961), Freiburg, München 1987

Paul Lorenzen, Oswald Schwemmer, Konstruktive Logik, Ethik und Wissenschaftstheorie, Mannheim, Wien, Zürich 1975

Niklas Luhmann, Autopoiesis als soziologischer Begriff (1987). In: Ders., Aufsätze und Reden, Stuttgart 2001

Ders., Wie ist Bewusstsein an Kommunikation beteiligt? (1995); in: ders., Aufsätze und Reden, Stuttgart 2001

Jean-François Lyotard, Das postmoderne Wissen (La condition postmoderne, 1979), Wien 1994

Ders., Der Widerstreit (Le Différend, 1983), München 1987

Ders., Postmoderne für Kinder – Briefe aus den Jahren 1982-1985, Wien 1987

Humberto Maturana, Was ist Erkennen? (1992), München, Zürich 1994

Ders., Biologie der Sprache – die Epistemologie der Realität (1978); in: ders., Biologie der Realität, Frankfurt/M. 2000

Josef Mitterer, Die Hure Wahrheit – auch Duerr ein Zuhälter? in: Rolf Gehlen, Bernd Wolf (Hrsg.), Der gläserne Zaun. Aufsätze zu Hans Peter Duerrs ‚Traumzeit', Frankfurt/M. 1983

Otto Neurath, Wissenschaftliche Weltauffassung, Sozialismus und Logischer Empirismus (1929), Frankfurt/M. 1979

Friedrich Nietzsche, Also sprach Zarathustra (1882-84), Kritische Studienausgabe (KSA) Bd.5, München, Berlin, New York 1999

Ders., Jenseits von Gut und Böse (1886), KSA Bd.5

Ders., Zur Genealogie der Moral (1887), KSA Bd. 5

Ders., Götzen-Dämmerung oder Wie man mit dem Hammer philosophiert (1888), KSA Bd. 6

Gérard Raulet, Gehemmte Zukunft – Zur gegenwärtigen Krise der Emanzipation, Darmstadt, Neuwied 1986

Paul Ricœur, Hermeneutik und Strukturalismus – Der Konflikt der Interpretationen I (1969), München 1973

Richard Rorty, Der Spiegel der Natur – Eine Kritik der Philosophie (1979), Frankfurt/M. 1987

Ders., Kontingenz, Ironie und Solidarität (1989), Frankfurt/M. 1992

Bertrand Russell, Probleme der Philosophie (1912), Frankfurt/M. 1967

Thomas Schäfer, Politisches Engagement ohne philosophische Begründung? Rorty politisches Denken zwischen Ethnozentrismus, Relativismus, Habermas und Foucault; in:

Thomas Schäfer, Udo Tietz, Rüdiger Zill, Hinter den Spiegeln – Beiträge zur Philosophie Richard Rortys mit Erwiderungen von Richard Rorty, Frankfurt/M. 2001

Siegfried J. Schmidt, Vom Text zum Literatursystem – Skizze einer konstruktivistischen (empirischen) Literaturwissenschaft; in: Heinz Gumin, Heinrich Meier (Hrsg.), Einführung in den Konstruktivismus (1997), 10. Aufl. München 2010

Hans-Martin Schönherr(-Mann), Von der Schwierigkeit, Natur zu verstehen – Entwurf einer negativen Ökologie, Frankfurt/M. 1989

Peter Sloterdijk, Was geschah im 20. Jahrhundert? Unterwegs zu einer Kritik der extremistischen Vernunft, Berlin 2016

Leo Strauss, Naturrecht und Geschichte (1953), Frankfurt/M. 1977

Hans-Peter Stricker, Sprachmodelle verstehen – Chatbots und generative KI im Zusammenhang, Berlin 2024

Jürgen Trabant, Sprachdämmerung – Eine Verteidigung, München 2020

Ernst Tugendhat, Der Golfkrieg, Deutschland und Israel (1991); in: ders., Ethik und Politik – Vorträge und Stellungnahmen aus den Jahren 1978-1991, Frankfurt/M. 1992

Ders., Vorlesungen über Ethik, Frankfurt/M. 1993

Francisco J. Varela, Ethisches Können (1992), Frankfurt, New York 1994

Gianni Vattimo, Jenseits vom Subjekt – Nietzsche, Heidegger und die Hermeneutik (1980), Wien 1986

Ders., Dialektik, Differenz, schwaches Denken (1983); in: Schönherr-Mann (Hrsg.), Ethik des Denkens, München 2000, 79; Original: Dialettica, differenza, pensiero debole; in: Gianni Vattimo, Pier Aldo Rovatti (Hrsg.), Il pensiero debole (1983), 3. Aufl. Milano 1985

Ders., Das Ende der Moderne (1985), Stuttgart 1990

Ders., Die transparente Gesellschaft (1989), Wien 1992

Ders., Jenseits der Interpretation – Die Bedeutung der Hermeneutik für die Philosophie (1994), Frankfurt, New York 1997

Ders., Glauben Philosophieren (Credere di credere, 1996), Stuttgart 1997

Ders. Gedanken zur Ethik; in: Schönherr-Mann (Hrsg.), Hermeneutik als Ethik, München 2004

Paul Watzlawick, Wirklichkeitsanpassung oder angepasste ‚Wirklichkeit'? Konstruktivismus und Psychotherapie; in: Heinz Gumin, Heinrich Meier (Hrsg.), Einführung in den Konstruktivismus, 10. Aufl. München 2010

Ders., Janet H. Beavin, Don D. Jackson, Menschliche Kommunikation – Formen, Störungen, Paradoxien (1967), 7. Aufl. Bern, Stuttgart, Toronto 1985

Lambert Wiesing, Sehen lassen – Die Praxis des Zeigens, Berlin 2013

Ludwig Wittgenstein, Tractatus logico-philosophicus (1921), Werke Bd. 1, Frankfurt/M. 1984

Ders., Philosophische Bemerkungen (1929/30), Werkausgabe Bd. 2, Frankfurt/M. 1984

Ders., The Big Typescript (1933), Wiener Ausgabe Bd. 11, Wien, New York 2000

Ders., Das Blaue Buch (1933/34), Werkausgabe Bd. 5, Frankfurt/M. 1980

Ders., Eine Philosophische Betrachtung (Das Braune Buch, 1934/35), Werkausgabe Bd. 5, Frankfurt/M. 1980

Ders., Über Gewissheit (1949-51), Werke Bd. 8, Frankfurt/M. 1984

Ders., Philosophische Untersuchungen (1953), Werkausgabe Bd. 1, Frankfurt/M. 1984

Personenregister

Günter Abel 64

Theodor W. Adorno 14, 25 f, 94, 137

Karl-Otto Apel 14

Hannah Arendt 42, 93

Aristoteles 101, 111

John Langshaw Austin 42, 45, 55

Francis Bacon 19, 47, 89, 113

Walter Benjamin 108, 130

Pierre Bourdieu 93

Robert B. Brandom 41, 121

Bertolt Brecht 131

Giordano Bruno 94

Albert Camus 94

Rudolf Carnap 34

Auguste Comte 52

Charles Darwin 96

Jacques Derrida 14-17, 21, 23, 66, 68, 94, 101-113, 123

René Descartes 9, 47, 58, 128

Umberto Eco 129

Albert Einstein 45, 52

Ludwig Feuerbach 131

Paul Feyerabend 11, 50, 70

Heinz von Foerster 27, 48, 52, 62 f, 82, 97, 136

Michel Foucault 14, 18 ff, 49, 51, 70 f, 85-95, 97, 112, 123, 129, 134

Evelyn Fox Keller 96, 99

Gottlob Frege 19

Sigmund Freud 15, 105, 127

Hans-Georg Gadamer 15, 30, 123 f

Galileo Galilei 44, 47, 89

Arnold Gehlen 68

Arthur Gill 53

Ernst von Glasersfeld 26 f, 46, 48-53, 64 f, 79, 83, 95, 98, 100, 113-119, 121 f, 133, 138, 140

Kurt Gödel 53

Lea de Gregorio 135

Ernesto Che Guevara 78

Jürgen Habermas 10 f, 14, 19, 21, 24 f, 30, 37, 45, 50, 52, 62, 67, 71, 76 f, 84, 98 f, 112, 125, 131, 133, 139 f

Yuval Noah Harari 73

Georg Wilhelm Friedrich Hegel, 16, 65, 79 ff, 112

Martin Heidegger 15, 18, 30, 49, 58, 62 f, 66, 103, 108 f, 123 f, 129, 133

Werner Heisenberg 53

Hermann von Helmholtz 48

Thomas Hobbes 52, 94

Hölderlin 58

Paul Henri Thiry d'Holbach 94

Homer 42

Max Horkheimer 14

Ellis Huber 20

Theo Hug 134, 138

David Hume 47, 135

Ivan Illich 71

William James 29 f

Hans Joas 75, 88

Hans Jonas 78, 98, 137

Ernst Jünger 69, 93

Wilhelm Kamlah 55 f

Immanuel Kant 9, 11, 45, 47 ff, 51, 60, 81 f, 90, 128, 135

Thomas S. Kuhn 43-46, 55, 67, 99

Jacques Lacan 15

Gottfried Wilhelm Leibniz 125

Emmanuel Lévinas 16 f, 111

Paul Lorenzen 55-58

Niklas Luhmann 46, 48, 66

Jean-François Lyotard 13 f, 18 f, 23 f, 26, 28, 39, 67-79, 94, 113, 116, 123

Niccolò Machiavelli 65, 67, 71, 94, 106

Mao Zedong 78

Karl Marx 16, 25 ff, 95, 107, 131

Humberto Maturana 27 f, 45, 61-64, 82, 95 f, 99 f, 119 f, 139 f

Meng-tzu 121

Josef Mitterer 138

George Edward Moore 30

Otto Neurath 33

Friedrich Nietzsche 15, 23, 64, 80 f, 89 f, 105, 123. 126, 130, 132, 139 f

Luigi Pareyson 123

Platon 19. 25, 94, 114

Fritz J. Raddatz 15

Leopold von Ranke 16

Gérard Raulet 17

Paul Ricœur 9, 18, 133

Richard Rorty 25, 28, 30

Bertrand Russell 30 f, 55, 64, 74

Jean-Paul Sartre 30, 54

Ferdinand de Saussure 76, 88, 115, 118

Thomas Schäfer 28

Max Scheler 111

Siegfried J. Schmidt 15 f

Carl Schmitt 120

Oswald Schwemmer 57 f

Peter Sloterdijk 67 ff

Max Stirner 94

Leo Strauss 71, 106

Hans-Peter Stricker 115

Thomas von Aquin 11

Alexis de Tocqueville 24

Jürgen Trabant 19

Ernst Tugendhat

Francisco J. Varela 27, 80-84, 119 ff

Gianni Vattimo 124-138

Giambattista Vico 118

Paul Watzlawick 134 ff

Max Weber 60, 78, 111, 136

Lambert Wiesing 32, 114

Ludwig Wittgenstein 26, 31 ff, 35 ff, 39-42, 45, 55 ff, 74, 77, 83, 106, 113-118, 121, 123, 131